对外汉语本科系列教材

语言技能类　　　一年级教材

汉语阅读教程

HANYU YUEDU JIAOCHENG

第二册

彭志平 编著

© 2018 北京语言大学出版社,社图号 18077

图书在版编目(CIP)数据

汉语阅读教程.第二册 / 彭志平编著. ——3 版. ——
北京:北京语言大学出版社,2018.9(2025.9 重印)
ISBN 978-7-5619-5240-5

Ⅰ.①汉… Ⅱ.①彭… Ⅲ.①汉语-阅读教学-对外
汉语教学-教材 Ⅳ.① H195.4

中国版本图书馆 CIP 数据核字(2018)第 127293 号

汉语阅读教程(第 3 版)第二册
HANYU YUEDU JIAOCHENG (DI 3 BAN) DI-ER CE

排版制作:	北京创艺涵文化发展有限公司
责任印制:	邝 天
出版发行:	北京语言大学出版社
社 址:	北京市海淀区学院路 15 号,100083
网 址:	www.blcup.com
电子信箱:	service@blcup.com
电 话:	编辑部 8610-82303647/3592/3395
	国内发行 8610-82303650/3591/3648
	海外发行 8610-82303365/3080/3668
	北语书店 8610-82303653
	网购咨询 8610-82303908
印 刷:	河北赛文印刷有限公司
版 次:	1999 年 5 月第 1 版
	2009 年 4 月第 2 版
	2018 年 9 月第 3 版
印 次:	2025 年 9 月第 8 次印刷
开 本:	787 毫米 × 1092 毫米 1/16
印 张:	16
字 数:	189 千字
定 价:	55.00 元

PRINTED IN CHINA

凡有印装质量问题,本社负责调换。售后 QQ 号 1367565611,电话 010-82303590

前 言

《汉语阅读教程》是《汉语教程》的配套教材。自1999年出版以来,被国内外不少教学单位选用。2009年做了第一次修订,本书是2017年的第二次修订。此次修订,保留了原修订本编写体例,主要在内容上做了一些修改,目的是更好地配合《汉语教程》(第3版)的使用。本次修订后,《汉语阅读教程》第二册共25课。

各课内容包括:

一、生字;

二、字—词(词组);

三、课文;

四、练习;

五、课外练习。

一、生字

这里给出的汉字均是《汉语教程》第二册上、下册中相应课程中出现的。形、音、义同时给出,目的是让学生在识记汉字的同时,将其读音和意思一并记住。教学中可考虑采取教师领读、学生认读的方法。为提高学生识辨汉字的速度,加强对汉字的记忆,教师可将汉字写在卡片上(或做成PPT),逐张呈现给学生,让他们识读。

二、字—词(词组)

这里给出的词、词组绝大部分是《汉语教程》中出现过的,而且都是常用词或常用词组。以字—词(词组)的形式给出,目的是让学生了解出现在该词或词组中的汉字之间的组合关系。教学上可采取与"生字"相同的方法处理。

三、课文

本教材中大部分课文都是根据各课的生字、生词编写的，有些是根据一些资料改编的。学习这些编写的课文，是因为学生尚处在汉语阅读的"起步阶段"，这样做可以让他们学习汉语书面语的阅读方法，所以，课文都不太长，生词也适当控制，不出太多。在每篇课文的后边，都设计了一些练习，用来检查学生对课文的理解。建议教师在教学中先让学生自己阅读课文，然后通过练习检查学生对所读文章的理解情况。我们认为，教师示范朗读课文是必要的。

四、练习

在练习部分，我们设计了词组认读、字组词、选词填空等练习形式。设计这些练习的目的都是为了帮助学生在辨别字形相似、读音相近或意思相仿的字、词或词组的过程中，熟练掌握学过的汉字和生词。建议在教学中让学生自己完成这些练习，教师亦可根据学生实际情况有选择地指导学生完成，并对完成过程中出现的带有普遍性的问题做适当的讲解。

五、课外练习

在课外练习中，我们设计了写汉字、给汉字注音并组词、阅读短文、预习生词等项内容。教学中，教师可根据具体情况灵活处理。

本册书建议每课教学时间为 1 学时（50 分钟）。

编　者

2018 年 8 月

目 录 Contents

第 一 课	Lesson 1	（1）
第 二 课	Lesson 2	（10）
第 三 课	Lesson 3	（18）
第 四 课	Lesson 4	（27）
第 五 课	Lesson 5	（35）
第 六 课	Lesson 6	（45）
第 七 课	Lesson 7	（54）
第 八 课	Lesson 8	（63）
第 九 课	Lesson 9	（73）
第 十 课	Lesson 10	（82）
第十一课	Lesson 11	（91）
第十二课	Lesson 12	（100）
第十三课	Lesson 13	（110）
第十四课	Lesson 14	（120）
第十五课	Lesson 15	（131）

第十六课	Lesson 16	(141)
第十七课	Lesson 17	(150)
第十八课	Lesson 18	(160)
第十九课	Lesson 19	(169)
第二十课	Lesson 20	(180)
第二十一课	Lesson 21	(188)
第二十二课	Lesson 22	(196)
第二十三课	Lesson 23	(204)
第二十四课	Lesson 24	(213)
第二十五课	Lesson 25	(221)
汉字总表	Character Index	(230)
词汇表	Vocabulary	(242)

第一课
Dì-yī kè

Lesson 1

一、生字 New characters

喂	wèi	hello
阿	ā	*a prefix*
姨	yí	aunt
关	guān	to turn off, to switch off
饿	è	hungry
忘	wàng	to forget
响	xiǎng	to make a sound, to ring
接	jiē	to receive
踢	tī	to kick, to play (football)
队	duì	team
赛	sài	to have a match; game
输	shū	to lose (a game)
赢	yíng	to win (a game)
贺	hè	to congratulate
哎	āi	*an interjection used as a reminder*
托	tuō	to entrust, to ask

福	fú	happiness, good fortune
已	yǐ	already
考	kǎo	to take a test
陪	péi	to accompany

二、字—词（词组）From characters to words (phrases)

阿—姨	阿姨	āyí	aunt
关—机	关机	guān jī	to power off, to turn off one's mobile phone
开—机	开机	kāi jī	to turn on one's mobile phone
接—电话	接电话	jiē diànhuà	to answer the phone
比—赛	比赛	bǐsài	to contest; match, game
祝—贺	祝贺	zhùhè	to congratulate
托—福	托福	tuōfú	TOEFL (Test of English as a Foreign Language)
考—托福	考托福	kǎo tuōfú	to take the TOEFL
已—经	已经	yǐjīng	already

三、课文 Texts

会话 01-1

（张丽正在打电话 Zhang Li is making a phone call.）

张丽：喂，你好！是玛丽吗？

安娜：不是，我是安娜。

第一课 Lesson 1

张丽：对不起！安娜，玛丽在吗？

安娜：她不在，出去了。你打她的手机吧。

张丽：我刚才打了，她关机了。

安娜：可能是她的手机没电了。有什么事？我可以转告她。

张丽：谢谢你，我一会儿再打吧。再见！

安娜：再见！

电　diàn
electricity, power

转告　zhuǎngào
to pass on a message

● 读后判断正误

Read the conversation and decide whether the following statements are true (T) or false (F)

(1) 张丽打电话找安娜。　　　　　　　　　　(　　)

(2) 玛丽不在家，她出去了。　　　　　　　　(　　)

(3) 张丽刚才给玛丽打电话了。　　　　　　　(　　)

(4) 张丽还要再给玛丽打电话。　　　　　　　(　　)

短文　01-2

今天下午我要去见一个朋友，他是我中学时的同学。上星期我们踢了一场足球，结果我们赢了，他们输了。

我这个朋友去年8月来北京，

结果　jiéguǒ
finally; result

现在在北京大学学习。他对中国历史很感兴趣,准备明年读北大中国历史专业。

我喜欢学习经济,对中国经济特别有兴趣,我打算明年报考北大的经济学专业。

我想向他了解一些北大的情况,做好准备,争取明年当他的同学。

历史	lìshǐ	history
专业	zhuānyè	special field of study, speciality
经济	jīngjì	economy
报考	bàokǎo	to sign up for an examination
情况	qíngkuàng	situation, condition
争取	zhēngqǔ	to strive for

● 读后判断正误

Read the passage and decide whether the following statements are true (T) or false (F)

(1) "我"的朋友是一个中学生。　　　　　　　　　　　( )

(2) "我"这个朋友现在在北大学习中国历史。　　　　　( )

(3) "我"想明年报考北大的经济学专业。　　　　　　　( )

(4) "我"想明年跟朋友在一个学校学习。　　　　　　　( )

四、练习 Exercises

● 根据拼音写汉字 Write the Chinese characters according to the *pinyin*

bǐsài　　　zhùhè　　　yǐjīng　　　guān jī　　　chū guó

_____　　　_____　　　_____　　　_____　　　_____

zhōngxué　　āyí　　　tuōfú　　　kāi jī

_____　　　_____　　　_____　　　_____

第一课 Lesson 1

● 给下列词语注音 Write down the *pinyin* of the following words

中学	祝贺	开机	阿姨	托福

已经	比赛	关机	踢球	队长 (captain)

关门 (to close the door)	经常 (often)	考试 (exam)	直接 (direct)	音响 (stereo set)

● 找出与左边相同的汉字 Find the same characters as those on the left

接: 按 接 挤 撞
操: 澡 躁 操 燥
输: 偷 愉 榆 输
陪: 培 倍 部 陪

五、课外练习 Exercises after class

● 描、写汉字 Trace and copy the following Chinese characters

喂	12画	口ㅁ甲喂喂喂	喂	喂	喂				
阿	7画	阝阝一阿阿	阿	阿	阿				
姨	9画	女女一奻奻姨姨	姨	姨	姨				

关	6画	⺍⺌兰关关	关	关	关					
饿	10画	饣饿	饿	饿	饿					
忘	7画	亡忘	忘	忘	忘					
响	9画	口⺌叩响	响	响	响					
接	11画	扌拉接	接	接	接					
踢	15画	呈趵趵趵踢	踢	踢	踢					
队	4画	阝队	队	队	队					
赛	14画	宀宊寒塞赛	赛	赛	赛					
输	13画	车输	输	输	输					
赢	17画	亡言亯亯月赢赢	赢	赢	赢					
贺	9画	力加贺	贺	贺	贺					
哎	8画	口吖哎	哎	哎	哎					
托	6画	扌扦托	托	托	托					
福	13画	衤祀福	福	福	福					
已	3画	乛𠃌已	已	已	已					
考	6画	土耂考	考	考	考					
陪	10画	阝陪陪	陪	陪	陪					

第一课 Lesson 1

● **用下列汉字组词** Make words with the following Chinese characters

关　比　飞　开　运　节　已　祝　认　真　代

表　贺　机　理　赛　团　经　演　目　动　识

_____

_____

● **选词填空** Choose the words to fill in the blanks

（1）212房间的田中同学，请____电话。　　　　　　（打/接）

（2）张华大学毕业后，在北京一家外贸公司工作，常常____。

　　　　　　　　　　　　　　　　　　　　　　　　（出国/回国）

（3）我要参加HSK班学习，____报名了。　　　　　（已经/还没）

（4）昨天的足球比赛你们队____输了吧?　　　　　　（还/又）

（5）听说你跑步得了第一名，____你!　　　　　　　（祝贺/祝）

（6）你喜欢____足球还是喜欢____篮球?　　　　　　（踢/打）

（7）老师说得对，多听、多说一定能____汉语水平。（进步/提高）

（8）我____来中国? ____我要学习汉语。　　　　　（因为/为什么）

● **给下列汉字注音并组词**

Write down the *pinyin* of the following Chinese characters and make words

比____（　　　）　考____（　　　）　贺____（　　　）

北____（　　　）　老____（　　　）　驾____（　　　）

输____（　　） 已____（　　）

愉____（　　） 己____（　　）

● 阅读短文 Read the passage

朋友要来北京

今天中午，我刚回到宿舍，就接到一个电话。电话是一个朋友从上海打来的，她说要来北京旅行。她坐火车来，星期六早上到北京，让我去车站接她。我星期六、星期天没课，可以陪她在北京好好儿玩儿玩儿。

朋友在电话里说，她这次来北京想看看北京的名胜古迹，还想了解一些北京的风土人情。我打算陪她去颐和园、故宫，还要去长城。再带她去老舍茶馆儿坐坐，逛逛北京的胡同、四合院。她对京剧很感兴趣，有时间我们再去看场京剧。北京还有很多好吃的东西，当然也要让她尝尝了。

读后判断正误

Read the passage and decide whether the following statements are true (T) or false (F)

(1) "我"接到一个上海来的电话。　　　　　　　　（　　）

(2) 朋友让"我"去车站接她。　　　　　　　　　　（　　）

(3) 朋友说要看看北京的名胜古迹。　　　　　　　（　　）

(4) "我"要跟朋友去逛胡同、看京剧。　　　　　　（　　）

第一课 Lesson 1

● 预习（查词典，给下列词语注音，并了解其意思）
Preview (Look up the following words in a dictionary, write down their *pinyin* and learn their meanings)

了　　片　　鱼　　哭　　病人　　拉肚子　　厉害　　牛肉

___　___　___　___　___　____　___　___

化验　　大便　　小便　　检查　　结果　　肠炎　　消化　　打针

___　___　___　___　___　___　___　___

寂寞　　所以　　难过　　礼堂　　舞会　　跳舞

___　___　___　___　___　___

第二课
Dì-èr kè

一、生字 New characters

肚	dù	belly, abdomen
厉	lì	strict, serious
害	hài	harm
拉	lā	to have a bowel movement
鱼	yú	fish
牛	niú	ox, cow
肉	ròu	meat
验	yàn	to test, to check
检	jiǎn	to examine, to check, to inspect
结	jié	to conclude
肠	cháng	intestine
炎	yán	inflammation
消	xiāo	to disappear
针	zhēn	needle
哭	kū	to cry, to weep
寂	jì	lonely, quiet

寞	mò	lonely
所	suǒ	
礼	lǐ	propriety, etiquette
堂	táng	hall, main room
舞	wǔ	dance
跳	tiào	to jump

二、字—词（词组）From characters to words (phrases)

肚—子	肚子	dùzi	belly, abdomen
拉—肚子	拉肚子	lā dùzi	to suffer from diarrhea, to have loose bowels
厉—害	厉害	lìhai	serious, severe
牛—肉	牛肉	niúròu	beef
化—验	化验	huàyàn	to test, to assay
检—查	检查	jiǎnchá	to examine, to check up
结—果	结果	jiéguǒ	finally, result
肠—炎	肠炎	chángyán	enteritis
消—化	消化	xiāohuà	to digest
打—针	打针	dǎ zhēn	to give or have an injection
寂—寞	寂寞	jìmò	lonely
所—以	所以	suǒyǐ	so, therefore
礼—堂	礼堂	lǐtáng	auditorium
舞—会	舞会	wǔhuì	ball, dancing party
跳—舞	跳舞	tiào wǔ	to dance

三、课文 Texts  02-1

我头疼

最近,我常常感到不舒服,头疼。我去医院看了,大夫给我做了检查,最后告诉我,病不重,主要是没休息好。我想可能是前几天准备考试,学习时间太长,睡得太少了。

我在医院遇见了一个朋友,他在体育大学学习。他也来看病。我问他怎么了,他说,可能是因为同学过生日,他们在一起吃饭,饭菜吃得太多了,觉得不舒服。大夫先给他检查,又让他去化验。化验结果出来后,大夫说是消化不好,主要是由于吃喝不注意造成的。朋友说以后一定得注意,不能高兴时吃得太多,吃坏了身体。

主要　zhǔyào　main

遇见　yù jiàn
to meet, to encounter

造成　zàochéng
to cause

得　děi
to have to, to need

坏　huài
bad; to be bad for

第二课 Lesson 2

● 读后判断正误

Read the passage and decide whether the following statements are true (T) or false (F)

(1) "我"最近常常头疼。　　　　　　　　　　　　　(　)

(2) 大夫说"我"生病是因为没休息好。　　　　　　　(　)

(3) "我"在医院看见的朋友是体育大学的学生。　　　(　)

(4) "我"朋友过生日时吃得太多了。　　　　　　　　(　)

(5) 大夫说"我"朋友吃喝不注意，所以消化不好。　　(　)

四、练习 Exercises

● 找出与左边相同的汉字 Find the same characters as those on the left

肉：内　闪　肉　网

所：听　折　析　所

检：验　脸　捡　检

结：结　桔　洁　给

● 用下列汉字组词 Make words with the following Chinese characters

寂　消　检　打　查　难　结　舞　厉　所　礼

化　验　过　害　寞　针　堂　跳　果　会　以

_____

_____

● 选词填空 Choose the words to fill in the blanks

(1) 做完作业后要认真____一下。　　　　　　（检查 / 化验）

(2) 今天下雨，____不能去踢球了。　　　　　　　（所以 / 因为）

(3) 他每天睡得都很晚，____早上起得也很晚。　　（所以 / 然后）

(4) 我觉得汉语发音不难，____汉字很难。　　　　（但是 / 也）

(5) 我有点儿咳嗽，还发烧，下午我要去医院____。

（看病 / 看大夫）

(6) 明天 8:00 上车，请____迟到。　　　　　　　（别 / 不）

(7) 大夫给她____了一些中药。　　　　　　　　　（开 / 写）

(8) 我想先去邮局，____再去商店。　　　　　　　（然后 / 后）

五、课外练习 Exercises after class

● 描、写汉字 Trace and copy the following Chinese characters

肚	7画	月肚	肚	肚	肚					
厉	5画	厂厂厉厉	厉	厉	厉					
害	10画	宀宀宀宝害	害	害	害					
拉	8画	扌拉	拉	拉	拉					
鱼	8画	勹⺈鱼鱼	鱼	鱼	鱼					
牛	4画	丿⺊牛	牛	牛	牛					
肉	6画	冂内肉	肉	肉	肉					
验	10画	马驴验验验	验	验	验					
检	11画	木检	检	检	检					

结	9画	纟纩结	结	结	结					
肠	7画	月肋肠	肠	肠	肠					
炎	8画	丶火炎	炎	炎	炎					
消	10画	氵沙消	消	消	消					
针	7画	钅针	针	针	针					
哭	10画	口叩哭哭	哭	哭	哭					
寂	11画	宀宀宋寂	寂	寂	寂					
寞	13画	宀宀宜寞	寞	寞	寞					
所	8画	厂户所	所	所	所					
礼	5画	礻礼	礼	礼	礼					
堂	11画	丷丷当堂	堂	堂	堂					
舞	14画	𠂉𠂉無舞舞舞舞	舞	舞	舞					
跳	13画	口𧾷趴跳跳	跳	跳	跳					

● 给下列汉字注音并组词

Write down the *pinyin* of the following Chinese characters and make words

验＿＿（　　）　　堂＿＿（　　）　　厉＿＿（　　）

检＿＿（　　）　　常＿＿（　　）　　历＿＿（　　）

病___(　　)　　结___(　　)　　肉___(　　)

疾___(　　)　　洁___(　　)　　内___(　　)

针___(　　)

钉___(　　)

● 阅读短文 Read the passage

感冒

感冒是一种常见疾病。感冒不是大病，但是它影响人们正常的工作、学习和生活。许多人吃了感冒药，也要一个多星期以后才能好。

感冒是由病毒感染引起的。感冒病毒大约有200种，主要有流感病毒、鼻病毒等。病毒种类太多，而且形态不同，给研制药物造成了困难。目前，还没有研制出能治疗所有感冒病毒的药。科学家们在研究中发现，虽然病毒的外形多种多样，但是它们都有相同的构造。科学家们正在寻找理想的药。要是有一天这种药研制成功了，感冒就能很快治好了。

读后判断正误

Read the passage and decide whether the following statements are true (T) or false (F)

(1) 感冒是常见病，不是重病。　　　　　　　　　　　　(　　)

(2) 感冒后马上吃药，很快就能好。　　　　　　　　　　(　　)

(3) 感冒病毒种类很多。　　　　　　　　　　　　（　）

(4) 现在没有能治疗所有感冒的药。　　　　　　　（　）

(5) 感冒病毒外形不同，构造也不一样。　　　　　（　）

● 预习（查词典，给下列词语注音，并了解其意思）
Preview (Look up the following words in a dictionary, write down their *pinyin* and learn their meanings)

租　套　乱　层　才　赶　河　房子
____ ____ ____ ____ ____ ____ ____ ____

客厅　卧室　厨房　面积　房租　周围　环境　阳光
____ ____ ____ ____ ____ ____ ____ ____

堵车　虽然　交通　公共汽车　车站　地铁　旁边
____ ____ ____ ____ ____ ____ ____

附近　体育馆　方便　要是　妻子　还是　平方米
____ ____ ____ ____ ____ ____ ____

满意
____

第三课
Dì-sān kè

Lesson 3

一、生字 New characters

套	tào	a measure word for a series or a set of things
满	mǎn	full
周	zhōu	circumference
围	wéi	to surround
环	huán	to surround
境	jìng	environment
乱	luàn	disorderly, in chaos
厨	chú	kitchen
卧	wò	for sleeping in
积	jī	
层	céng	storey, floor
厅	tīng	hall
阳	yáng	sun
妻	qī	wife
堵	dǔ	to block up
赶	gǎn	to make a dash for, to hurry

租	zū	to rent
虽	suī	though, although
河	hé	river
交	jiāo	mutual
通	tōng	to go to, to lead to
汽	qì	steam, vapor
站	zhàn	(railway) station, (bus) stop
旁	páng	side, near by position
铁	tiě	iron
附	fù	nearby, neighboring

二、字—词（词组）From characters to words (phrases)

满—意	满意	mǎnyì	satisfied
周—围	周围	zhōuwéi	circumambient; circumference
环—境	环境	huánjìng	environment, surroundings
厨—房	厨房	chúfáng	kitchen
卧—室	卧室	wòshì	bedroom
面—积	面积	miànjī	area, floor space
客—厅	客厅	kètīng	living room
阳—光	阳光	yángguāng	sunshine
妻—子	妻子	qīzi	wife

堵—车	堵车	dǔ chē	traffic jam, traffic congestion
房—租	房租	fángzū	rent
虽—然	虽然	suīrán	though, although
交—通	交通	jiāotōng	traffic, transportation
汽—车	汽车	qìchē	automobile, car
车—站	车站	chēzhàn	(railway) station, (bus) stop
公共—汽车	公共汽车	gōnggòng qìchē	bus
地—铁	地铁	dìtiě	subway, metro
旁—边	旁边	pángbiān	side, near by position
附—近	附近	fùjìn	nearby, neighboring

三、课文 Texts  03–1

租房

我有一个朋友要租房子，昨天我陪他去看了两套。这两套房子都不错。一套离学校比较近，骑车十分钟就到了，只是房间小了一点儿；另一套离学校比较远，坐车要半个小时，不过房间很大，也很新。

朋友问我哪一套更好。我

| 另 | lìng | other, another |

觉得离学校近的那套好一些，因为上下学都很方便。虽然这套房子小了一点儿，但是卧室、客厅、厨房、卫生间都有，而且租金也不太贵。朋友说他也这样想，这里的环境好，买东西方便，银行、邮局都不太远。另外，这儿的交通也很方便，附近有公共汽车站、地铁站，出租车也不少。

我问他为什么不在学校里的学生宿舍住，他说学校里留学生太多，大家在一起常常说英语、法语，这样对汉语学习没有好处。在外边自己租房子，周围都是中国人，每天都有机会练习说汉语，这样汉语水平一定能很快提高。我觉得他说得对，我也想在校外租套房子。

另外　lìngwài
in addition, besides

出租车　chūzūchē　taxi

机会　jīhuì
chance, opportunity

提高　tí gāo　to improve

● 读后判断正误

Read the passage and decide whether the following statements are true (T) or false (F)

(1) "我"朋友要租房,"我"跟他一起去看房。　　　　　　（　）

(2) 这两套房子都很大。　　　　　　　　　　　　　　　（　）

(3) 这两套房子中一套离学校近,一套离学校远。　　　　（　）

(4) "我"和朋友都觉得离学校近的那套房子好。　　　　　（　）

(5) "我"朋友觉得同学们在一起常常说英语、法语不好。　（　）

(6) "我"也在校外租了房子。　　　　　　　　　　　　　（　）

四、练习 Exercises

● 找出与左边相同的汉字 Find the same characters as those on the left

环: 环　怀　环　杯

赶: 起　赶　超　赵

租: 组　祖　相　租

河: 何　柯　河　洞

层: 居　局　屋　层

● 用下列汉字组词 Make words with the following Chinese characters

汽　站　厨　间　堵　周　交　虽　附　旁　当　卧　教　环
满　室　然　车　房　意　境　边　地　近　通　围　铁　思

_____

_____

第三课 Lesson 3

● 选词填空 Choose the words to fill in the blanks

(1) 这是我新租的_____。 （家 / 房子）

(2) 这双鞋_____不错，但是太贵了。 （虽然 / 因为）

(3) 这_____房子有卧室、客厅、厨房、卫生间。 （套 / 间）

(4) 我们_____了，骑车去香山公园。 （一定 / 决定）

(5) 你要是想骑车去，可以去租车处_____一辆。 （借 / 租）

(6) 我很喜欢这儿的_____，我打算在这儿租房子。 （周围 / 环境）

(7) 我们_____去吧。 （骑车 / 汽车）

(8) 这是我的座位，_____是我的好朋友玛丽的。 （附近 / 旁边）

五、课外练习 Exercises after class

● 描、写汉字 Trace and copy the following Chinese characters

套	10画	大太本套套套	套	套	套				
满	13画	氵艹洪洪洪满满	满	满	满				
周	8画	丿冂周	周	周	周				
围	7画	冂同围围	围	围	围				
环	8画	王环	环	环	环				
境	14画	圡产培境	境	境	境				
乱	7画	丿千舌乱	乱	乱	乱				
厨	12画	厂厅后后厨厨	厨	厨	厨				

卧	8画	一丁丆臣卧	卧	卧	卧
积	10画	禾和积	积	积	积
层	7画	尸层	层	层	层
厅	4画	厂厅	厅	厅	厅
阳	6画	阝阳	阳	阳	阳
妻	8画	一ㄈ丰丰妻	妻	妻	妻
堵	11画	圸坩堵	堵	堵	堵
赶	10画	走赶	赶	赶	赶
租	10画	禾租	租	租	租
虽	9画	吕虽	虽	虽	虽
河	8画	氵河	河	河	河
交	6画	一亠六六交	交	交	交
通	10画	甬通	通	通	通
汽	7画	氵汽	汽	汽	汽
站	10画	立立站	站	站	站
旁	10画	亠立立旁旁	旁	旁	旁
铁	10画	钅钅铁	铁	铁	铁
附	7画	阝附	附	附	附

● 给下列汉字注音并组词

Write down the *pinyin* of the following Chinese characters and make words

金____(　　)　　情____(　　)　　围____(　　)

全____(　　)　　清____(　　)　　国____(　　)

环____(　　)　　交____(　　)　　便____(　　)

杯____(　　)　　文____(　　)　　使____(　　)

● 阅读短文 Read the passage

（一）招租

北京五洲大酒店是一家五星级饭店，地处亚运村，地理位置极好。现已有1400多家中外公司租住。

酒店东楼二层现有300m² 办公区，三、四、五层有标准客房及套房可做办公用房出租或长住。欢迎租用。

读后判断正误

Read the passage and decide whether the following statements are true (T) or false (F)

(1) 北京五洲大酒店在亚运村。　　　　　　　　　　　(　　)

(2) 已经有1400多个公司租住在北京五洲大酒店。　　(　　)

(3) 酒店东楼都是办公区。　　　　　　　　　　　　　(　　)

(4) 酒店的房间可以长时间租住。　　　　　　　　　　(　　)

（二）求租

本人现为北京大学硕士研究生，需租用二居室（或一居室）楼房一套。有独立的厨房、卫生间的平房也可以考虑。位置可在中关村、清华园、五道口附近。租金面谈。联系电话68943017，找王先生。

读后回答问题 Read the passage and answer the following questions

（1）什么人要租房？

（2）他对要租的房子有什么要求？

（3）他想租什么地方的房子？

（4）租金是多少？

（5）怎么跟他联系？

● 预习（查词典，给下列词语注音，并了解其意思）
Preview (Look up the following words in a dictionary, write down their *pinyin* and learn their meanings)

题　　完　　成　　页　　笑　　念　　答　　熟
__　　__　　__　　__　　__　　__　　__　　__

成绩　句子　作业　看见　糟糕　回信　故事　会话
__　　__　　__　　__　　__　　__　　__　　__

办法　打开　合上　听见
__　　__　　__　　__

Lesson 4

第四课
Dì-sì kè

一、生字 New characters

完	wán	to end, to finish
成	chéng	to finish; to succeed
绩	jì	achievement, accomplishment
句	jù	sentence
糟	zāo	in a mess
糕	gāo	cake
信	xìn	letter
故	gù	original, old
页	yè	page
笑	xiào	to smile, to laugh
念	niàn	to read
答	dá	to answer
作	zuò	to do, to make
熟	shú	familiar, well-acquainted

二、字—词（词组）From characters to words (phrases)

成—绩	成绩	chéngjì	(exam) result, achievement
句—子	句子	jùzi	sentence
糟—糕	糟糕	zāogāo	terrible, too bad
回—信	回信	huí xìn	to reply to an email
故—事	故事	gùshi	story
会—话	会话	huìhuà	to converse; conversation
办—法	办法	bànfǎ	way, method
打—开	打开	dǎ kāi	to open, to unfold
合—上	合上	héshang	to shut, to close
作—业	作业	zuòyè	homework

看见　听见

写对　做对　回答对

写错　做错　回答错

看完　听完　写完　念完　做完　吃完　喝完

三、课文 Texts  04-1

准备考试

今天我们学习第四课了。

老师说，学完第五课以后，我

们有期中考试。

想想两个月以前我刚开始学习汉语的时候,有很多困难。汉语的发音比较难,汉字就更难了,所以,我常常说错,也常常写错。后来,我找了一个中国朋友,请他帮助我学习。我说错的时候,他就告诉我应该怎么说;我写错的时候,他也告诉我应该怎么写。我觉得我进步很快。现在我汉语说得不错,汉字写得也不错,不过,我还要继续努力。

这个周末我要好好儿复习。我们学了500多个汉字,1000多个生词。这些汉字和生词我得认真写、认真记。还有,以前作业中有一些做错的地方,复习的时候我也要再做一遍。期中考试我要考一个好成绩。

期中 qīzhōng midterm

困难 kùnnan difficulty

告诉 gàosu to tell

● 读后判断正误

Read the passage and decide whether the following statements are true (T) or false (F)

（1）我们还没学完第五课。 （ ）

（2）"我"刚开始学习汉语的时候有很多困难。 （ ）

（3）汉语的发音和汉字都很难。 （ ）

（4）有一个中国朋友帮助"我"学习汉语。 （ ）

（5）"我"要继续跟中国朋友学习汉语。 （ ）

（6）周末"我"要复习，"我"要考一个好成绩。 （ ）

四、练习 Exercises

● 找出与左边相同的汉字 Find the same characters as those on the left

题：匙　题　起　颜

成：戒　伐　咸　成

页：贝　页　贡　员

熟：热　然　熟　烈

句：包　旬　勾　句

● 用下列汉字组词 Make words with the following Chinese characters

成　句　听　糟　汉　回　看　说　故　工　言　办
话　见　信　业　法　事　作　会　子　绩　糕　语

_____

_____

第四课 Lesson 4

○ 选词填空 Choose the words to fill in the blanks

（1）他说得太快了，我没____。　　　　　　　　　　（听见 / 听懂）

（2）做____作业咱们出去____一会儿吧。　　　　　（完 / 玩儿）

（3）昨天我没____玛丽，她是不是病了？　　　　　（看 / 看见）

（4）昨天的作业我没都____，____了两道题。　　　（做对 / 做错）

（5）这个字我常常____，我要多____几遍。　　　　（写 / 写错 / 写对）

（6）屋里太热了，____空调吧。　　　　　　　　　　（打开 / 关上）

（7）那件衣服没____，应该再____一遍。　　　　　（洗 / 洗干净）

（8）我想____作业再去打球。　　　　　　　　　　　（做 / 做完）

五、课外练习 Exercises after class

○ 描、写汉字 Trace and copy the following Chinese characters

完	7画	宀宇完	完	完	完
成	6画	一厂万成 成成	成	成	成
绩	11画	纟纟纩 纬绩	绩	绩	绩
句	5画	勹句	句	句	句
糟	17画	米米粒 糟糟糟	糟	糟	糟
糕	16画	米米米 糕糕	糕	糕	糕
信	9画	亻亻信 信信	信	信	信
故	9画	古故	故	故	故

页	6画 一丁页	页	页	页					
笑	10画 ⺮笑	笑	笑	笑					
念	8画 今念	念	念	念					
答	12画 ⺮笑答	答	答	答					
作	7画 亻作	作	作	作					
熟	15画 亠㐫享享孰孰熟	熟	熟	熟					

● **给下列汉字注音并组词**

Write down the *pinyin* of the following Chinese characters and make words

成____(　　　) 　　句____(　　　) 　　业____(　　　)

或____(　　　) 　　旬____(　　　) 　　亚____(　　　)

故____(　　　) 　　熟____(　　　) 　　页____(　　　)

敌____(　　　) 　　热____(　　　) 　　员____(　　　)

● **阅读短文** Read the passage

我的相册

这是我的相册，一共三大本。怎么样，照片不少吧？有在教室照的，有在宿舍照的，有一个人照的，还有跟同学和中国朋友一起照的。看到这些照片，我常常回想我在中国的学习和生活，真是太有意思了。

这张我在教室黑板上写字的照片是我的同学帮我照的。那时我刚开始学习写汉字。我写得很慢，字也写得不好看，可是我很认真。朋友看我写字的样子好玩儿，就照了这张照片。这张跟中国朋友在一起的照片是我和几个朋友去颐和园玩儿的时候照的。那天，我们几个人骑自行车去颐和园玩儿。在公园里，我们遇上了中国的几个中学生。我们想练练我们的汉语，就用刚学会的汉语跟他们打招呼，跟他们说话。他们很高兴，我们更高兴。我们一边走，一边说。快分手的时候，我提议大家一起照张相，就请一个中国朋友帮忙照了这张照片。

　　相册里的这些照片，每张都可以讲一个故事，以后慢慢讲吧。

读后判断正误

Read the passage and decide whether the following statements are true (T) or false (F)

(1) "我"有三本相册。　　　　　　　　　　　　　　　(　　)

(2) 有一张照片是"我"写汉字的时候照的。　　　　　(　　)

(3) "我"跟中国学生的那张照片是"我"同学帮忙照的。(　　)

(4) "我"的这本相册有一个故事。　　　　　　　　　(　　)

● 预习（查词典，给下列词语注音，并了解其意思）
Preview (Look up the following words in a dictionary, write down their *pinyin* and learn their meanings)

菜	挺	晒	生活	习惯	气候	干燥	干净
油腻	原来	延长	一般	散步	功课	记住	课间
点心	牛奶	从来	午觉	游泳	感谢	父母	机会
气功	效果	好处	坏处	慢性病	高血压	钟头	
失眠	必须	打鱼	不过	差不多			

第五课
Dì-wǔ kè

Lesson 5

一、生字 New characters

活	huó	to live
惯	guàn	to be accustomed/used to; habit
燥	zào	dry
净	jìng	clean
菜	cài	vegetable, food, dish
油	yóu	oil
腻	nì	oily, greasy
奶	nǎi	milk
游	yóu	to swim
泳	yǒng	to swim
散	sàn	to separate
功	gōng	skill
记	jì	to remember, to keep in mind
般	bān	like; way
父	fù	father
母	mǔ	mother

· 35 ·

原	yuán	original
延	yán	to prolong
钟	zhōng	bell
效	xiào	effect
挺	tǐng	quite, rather
处	chù	place
慢	màn	slow, chronic
血	xuè	blood
压	yā	pressure
性	xìng	a suffix indicating a property or characteristic
失	shī	to lose
眠	mián	sleep
必	bì	certainly, must, to have to
须	xū	must, to have to
晒	shài	to dry (in the sun)

二、字—词（词组）From characters to words (phrases)

生—活	生活	shēnghuó	to live; life
习—惯	习惯	xíguàn	to be accustomed/used to; habit
干—燥	干燥	gānzào	dry, arid
干—净	干净	gānjìng	clean, neat and tidy
油—腻	油腻	yóunì	oily, greasy

第五课 Lesson 5

牛—奶	牛奶	niúnǎi	milk
游—泳	游泳	yóu yǒng	to swim
散—步	散步	sàn bù	to go for a walk
气—功	气功	qìgōng	*qigong*, a deep breathing exercise practiced on a regular basis to keep fit
练—气功	练气功	liàn qìgōng	to practice *qigong*
功—课	功课	gōngkè	schoolwork, homework
记—住	记住	jìzhù	to remember, to keep in mind
一—般	一般	yìbān	general, common
父—母	父母	fùmǔ	father and mother, parents
原—来	原来	yuánlái	original, former
延—长	延长	yáncháng	to lengthen, to extend
钟—头	钟头	zhōngtóu	hour
效—果	效果	xiàoguǒ	effect, result
好—处	好处	hǎochù	benefit, advantage
坏—处	坏处	huàichù	harm, disadvantage
血—压	血压	xuèyā	blood pressure
高—血压	高血压	gāoxuèyā	hypertension
慢—性	慢性	mànxìng	chronic
慢性—病	慢性病	mànxìngbìng	chronic disease
失—眠	失眠	shī mián	to suffer from insomnia
必—须	必须	bìxū	must, to have to

三、课文 Texts

练气功

气功是一种独特的治病健身的好方法。在中国，不少人都会气功，学气功、练气功的人很多，不少外国人也对气功很感兴趣。

来中国以前，田中就听说过关于气功的介绍，也看过一些文章。到中国后，他听朋友说，学校每天早上都有一些人在操场上练气功。一天早上，他来到操场，看见操场上有三四十个人在一个老人的指导下练气功。他想，这个人一定就是老师了。田中在旁边认真地看。四十多分钟后，大家练完了。田中走到老师面前说："您好！老师。我是日本人，叫田中。我很喜欢中国的气功，想跟您学习。您看可以吗？"

独特 dútè unique
治 zhì to cure
健身 jiànshēn to keep fit

指导 zhǐdǎo guidance

老师看看他，说："练气功必须心静，要慢慢儿来，不能急。而且一定要坚持，不能'三天打鱼，两天晒网'。你能做到吗？""能做到。""好！那从明天开始，每天早上六点一刻到这儿来，跟大家一起练。不会的地方，我教你。记住，每天都要来。""是，老师。我一定每天都准时来。"

从那天开始，每天早上都能看到田中在操场上认真地练气功。现在他已经练得不错了。他说："我练气功，原来只是感兴趣。后来我才感到气功的确能健身、防病、治病。到现在我已经练了一年多了。我回国后还要继续练。我也想当老师，教别人练气功。"

心静　xīnjìng　to keep calm

的确　díquè　indeed
防　fáng　to prevent

● 读后判断正误

Read the passage and decide whether the following statements are true (T) or false (F)

(1) 气功是锻炼身体的好方法。　　　　　　　　　　　　　(　)

(2) 来中国之前，田中就会气功。　　　　　　　　　　　　(　)

(3) 田中的气功老师是一个年纪比较大的人。　　　　　　　(　)

(4) 气功老师要求田中每天都要坚持练气功。　　　　　　　(　)

(5) 田中说他练气功只是因为对气功感兴趣。　　　　　　　(　)

(6) 田中练了一年多气功了，他觉得可以当别人的老师了。　(　)

四、练习 Exercises

● 找出与左边相同的汉字 Find the same characters as those on the left

功：切　动　攻　功

活：话　括　活　治

般：船　航　舰　般

原：愿　原　厚　厘

晒：洒　酒　牺　晒

慢：漫　慢　馒　惯

燥：澡　噪　燥　操

● 用下列汉字组词 Make words with the following Chinese characters

游　一　慢　必　散　原　机　记　好　延　效　进　气　般

课　住　果　长　处　功　会　坏　来　间　泳　步　须　性

_____

_____

- 选词填空 Choose the words to fill in the blanks

(1) 晚上我____在宿舍自学。　　　　　　　　　　　（每天 / 一般）

(2) 我____打算今晚去看你，没想到你来了。　　　　（原来 / 以前）

(3) 这种药治感冒____不错。　　　　　　　　　　　（结果 / 效果）

(4) 字____天天写、天天练，不能"三天打鱼，两天晒网"。

（可以 / 必须）

(5) 饭后____，对身体健康有好处。　　　　　　　　（跑跑步 / 散散步）

(6) 最近____紧张吗？　　　　　　　　　　　　　　（作业 / 功课）

(7) 我觉得这本书写得____不错的。　　　　　　　　（挺 / 好）

(8) 啊！已经三____了！我们玩儿了两个多____了，该回去了。

（点 / 钟头）

五、课外练习 Exercises after class

- 描、写汉字 Trace and copy the following Chinese characters

活	9画	氵活	活	活	活			
惯	11画	忄忄忄忄惯惯	惯	惯	惯			
燥	17画	火炉炉焊燥	燥	燥	燥			
净	8画	丶丶丷冫冹冹净	净	净	净			
菜	11画	艹艹艹菜	菜	菜	菜			
油	8画	氵油	油	油	油			

腻	13画	朋 𦙶 腖 腻 腻	腻	腻	腻					
奶	5画	女 奶 奶	奶	奶	奶					
游	12画	氵 汸 浒 游	游	游	游					
泳	8画	氵 汀 汈 泳 泳	泳	泳	泳					
散	12画	卄 昔 散	散	散	散					
功	5画	工 功	功	功	功					
记	5画	讠 记	记	记	记					
般	10画	丿 力 月 舟 船 般	般	般	般					
父	4画	丶 丶 父 父	父	父	父					
母	5画	乚 口 日 母 母	母	母	母					
原	10画	厂 盾 原	原	原	原					
延	6画	丿 亻 乍 正 延 延	延	延	延					
钟	9画	钅 钟	钟	钟	钟					
效	10画	亠 六 交 效	效	效	效					
挺	9画	扌 挂 挺	挺	挺	挺					
处	5画	夂 处	处	处	处					
慢	14画	忄 忄曼 慢	慢	慢	慢					

第五课 Lesson 5

血	6画	丿血血	血	血	血					
压	6画	厂压压	压	压	压					
性	8画	忄性	性	性	性					
失	5画	丿匚失失	失	失	失					
眠	10画	目眠	眠	眠	眠					
必	5画	心必	必	必	必					
须	9画	彡须	须	须	须					
晒	10画	日晒	晒	晒	晒					

● **给下列汉字注音并组词**

Write down the *pinyin* of the following Chinese characters and make words

功___(　　) 　　晒___(　　) 　　处___(　　)

动___(　　) 　　酒___(　　) 　　外___(　　)

慢___(　　) 　　必___(　　) 　　净___(　　)

漫___(　　) 　　心___(　　) 　　静___(　　)

● **阅读短文** Read the passage

游泳、健美、健康

　　经常游泳能使人身体健康，体形健美。这是因为人在游泳的时候，全身肌肉都在活动，长时间的锻炼会使肌肉变得柔软而有弹性。游泳时，人消耗的能量比在陆地上多。经常游泳，可以慢慢去掉身体内多余的脂肪，这样，如果适当控制饮食，胖人就会变瘦。对比较瘦的人来说，由于运动增加了食欲，时间长了，瘦人也会健壮起来。经常在低温下游泳，能使皮肤的血液循环加快，这样皮肤会更红润、更健康。游泳时，水对皮肤不停地进行按摩，可以使皮肤变得有弹性、有光泽。另外，室外游泳，还可以进行"日光浴"，晒晒太阳，对骨头的生长也有好处。

游泳对于治疗慢性病也是一项非常好的运动。听说，有一所大学开办了一家"游泳医院"，这家医院对失眠、健忘等病有很好的治疗效果。

读后判断正误

Read the passage and decide whether the following statements are true (T) or false (F)

(1) 经常游泳的人身体又健康又健美。　　　　　　　　　　(　　)

(2) 胖人只要游泳就会变瘦。　　　　　　　　　　　　　　(　　)

(3) 瘦人游泳会更瘦。　　　　　　　　　　　　　　　　　(　　)

(4) 游泳对人的皮肤也有好处。　　　　　　　　　　　　　(　　)

(5) 游泳可以治疗慢性病。　　　　　　　　　　　　　　　(　　)

Lesson 6

第六课
Dì-liù kè

一、生字 New characters

变	biàn	to change, to become different
暑	shǔ	heat
城	chéng	city, town
市	shì	city
增	zēng	to increase
建	jiàn	to build
筑	zhù	to build
漂	piào	beautiful
亮	liàng	bright
冬	dōng	winter
暖	nuǎn	warm
温	wēn	warm; temperature
度	dù	degree
庭	tíng	hall
载	zài	to load
许	xǔ	maybe, perhaps

古	gǔ	ancient
世	shì	world
界	jiè	boundary
歌	gē	song
曲	qǔ	music
遥	yáo	far, distant

二、字—词（词组）From characters to words (phrases)

变—化	变化	biànhuà	to change; change
暑—假	暑假	shǔjià	summer vacation
城—市	城市	chéngshì	city
增—加	增加	zēngjiā	to increase
建—筑	建筑	jiànzhù	to construct; architecture, building
漂—亮	漂亮	piàoliang	beautiful
冬—天	冬天	dōngtiān	winter
暖—和	暖和	nuǎnhuo	warm
暖—气	暖气	nuǎnqì	heating system
气—温	气温	qìwēn	air temperature
温—度	温度	wēndù	temperature
家—庭	家庭	jiātíng	family
下—载	下载	xiàzài	to download

也—许	也许	yěxǔ	perhaps, maybe, probably
古—典	古典	gǔdiǎn	classical
世—界	世界	shìjiè	world
民—歌	民歌	míngē	folk song
歌—曲	歌曲	gēqǔ	song
歌—词	歌词	gēcí	lyrics
遥—远	遥远	yáoyuǎn	distant

三、课文 Texts  06-1

张华的爱好

张华爱好音乐，会弹钢琴，会弹吉他。他还是一个歌迷，喜欢听歌，也喜欢唱歌。

他喜欢西方的古典音乐，贝多芬、莫扎特、肖邦等音乐家的名曲CD他家里都有。他也很喜欢中国的民族音乐，《春江花月夜》《二泉映月》等他都非常喜欢。他说音乐是没有国界的，东方人能听懂西方的音乐，西方人也同样能听懂东方的音乐。

弹　tán
to play (a musical instrument)

钢琴　gāngqín　piano

吉他　jítā　guitar

民族　mínzú
folk, ethnic

国界　guójiè
national boundary

他喜欢唱民歌，也喜欢唱流行歌曲。他周末经常跟一些朋友去唱歌。他唱得还真不错。朋友们也都说他唱得很好，一点儿不比歌星们差，有机会参加个比赛，一定能得奖。张华说："我喜欢听音乐，喜欢唱歌。我觉得音乐和歌曲可以增进人与人之间的感情交流，可以加深相互间的了解，在这一点上，它比任何语言的力量都强大。你听，'这是心的呼唤，这是爱的奉献，……只要人人都献出一点爱，世界将变成美好的人间。'"

歌星　gēxīng　singing star

奖　jiǎng　award

增进　zēngjìn　to promote

感情　gǎnqíng　feeling

交流　jiāoliú　to exchange

加深　jiāshēn　to deepen

强大　qiángdà　powerful

呼唤　hūhuàn　to call

专名

西方　Xīfāng　the West

贝多芬　Bèiduōfēn　Beethoven

莫扎特　Mòzhātè　Mozart

肖邦　Xiāobāng　Chopin

《春江花月夜》《Chūnjiāng Huā Yuè Yè》name of a piece of Chinese music

《二泉映月》《Èrquán Yìng Yuè》name of a piece of Chinese music

东方　Dōngfāng　the Orient

第六课 Lesson 6

● 读后判断正误

Read the passage and decide whether the following statements are true (T) or false (F)

(1) 张华对音乐很感兴趣。　　　　　　　　　　　　　（　）

(2) 张华喜欢西方的古典音乐，也喜欢中国的民族音乐。（　）

(3)《春江花月夜》是一首西方名曲。　　　　　　　　（　）

(4) 张华很喜欢唱歌。　　　　　　　　　　　　　　　（　）

(5) 张华参加过唱歌比赛，还得过奖。　　　　　　　　（　）

(6) 张华觉得音乐可以让人们相互了解得更深。　　　　（　）

四、练习 Exercises

● 快速找出与左边相同的词 Quickly find the same words as those on the left

变化：变为　变化　变成　变天

增加：增长　增进　增加　增多

家庭：法庭　家教　家常　家庭

城市：城里　城区　城内　城市

歌曲：歌声　歌曲　歌剧　歌词

古典：古代　古老　古画　古典

年轻：年青　年纪　年轻　年级

● 用下列汉字组词 Make words with the following Chinese characters

暖 增 温 变 古 歌 下 城 名 建 家 远 庭
筑 市 载 唱 曲 典 化 加 和 气 遥 词 民

_____

_____

● 选词填空 Choose the words to fill in the blanks

(1) 这些都是近几年的新_____筑。　　　　　　　　（建／健）

(2) 这是一首著名的中国_____。　　　　　　　　　（唱歌／歌）

(3) 啊，这里的_____真大。　　　　　　　　　　　（变化／变）

(4) 这家四星级_____附近还有几家小_____。　　（旅馆／饭店）

(5) 冬天上海气温比北京_____，可是房间里没有暖气，没有北

京_____。　　　　　　　　　　　　　　　　　（暖和／高）

(6) 世界人口每天都在_____。　　　　　　　　　（很多／增加）

(7) 他们_____可是一个八口人的大_____。　　　（家庭／家）

(8) 夏天我们那儿没有北京_____热。　　　　　　（那么／这么）

五、课外练习 Exercises after class

● 描、写汉字 Trace and copy the following Chinese characters

变	8画	丶亠亣亦亦变	变	变	变			
暑	12画	日旦早昇暑	暑	暑	暑			

第六课 Lesson 6

城	9画	土 城	城	城	城					
市	5画	丶 亠 市	市	市	市					
增	15画	土 圹 圹 垆 垆 増 増 増	增	增	增					
建	8画	⺻ 聿 建	建	建	建					
筑	12画	竹 竺 筑 筑	筑	筑	筑					
漂	14画	氵 沪 漂 漂	漂	漂	漂					
亮	9画	亠 言 高 亮	亮	亮	亮					
冬	5画	丿 夂 冬	冬	冬	冬					
暖	13画	日 旷 旷 暖	暖	暖	暖					
温	12画	氵 汩 温	温	温	温					
度	9画	广 广 庐 庐 庐 度	度	度	度					
庭	9画	广 庄 庭	庭	庭	庭					
载	10画	十 土 丰 丰 车 载 载 载	载	载	载					
许	6画	讠 许	许	许	许					
古	5画	十 古	古	古	古					
世	5画	一 十 廿 廿 世	世	世	世					
界	9画	田 罗 界	界	界	界					

歌	14画	一ㄒ可哥哥哥歌	歌	歌	歌				
曲	6画	丨冂曰曲曲	曲	曲	曲				
遥	13画	⺈⺁⺁⺁⺁䍃䍃遥	遥	遥	遥				

● 给下列汉字注音并组词

Write down the *pinyin* of the following Chinese characters and make words

曲＿＿（　　　）　　度＿＿（　　　）　　庭＿＿（　　　）

由＿＿（　　　）　　席＿＿（　　　）　　挺＿＿（　　　）

古＿＿（　　　）　　温＿＿（　　　）　　迷＿＿（　　　）

占＿＿（　　　）　　湿＿＿（　　　）　　谜＿＿（　　　）

● 阅读歌词 Read the lyrics

爱的奉献

这是心的呼唤，

这是爱的奉献，

这是人间的春风，

这是生命的源泉。

第六课 Lesson 6

再没有心的沙漠，

再没有爱的荒原，

死神也望而却步，

幸福之花处处开遍。

啊，只要人人都献出一点爱，

世界将变成美好的人间。

（选自歌曲《爱的奉献》）

● 预习（查词典，给下列词语注音，并了解其意思）
Preview (Look up the following words in a dictionary, write down their *pinyin* and learn their meanings)

春　　夏　　秋　　冷　　热　　夜　　刮风　　下雪

―――　―――　―――　―――　―――　―――　―――　―――

季节　时差　国家　一样　周末　产生　画册

―――　―――　―――　―――　―――　―――　―――

研究　改革　开放　一切　只是　听写　不但　而且

―――　―――　―――　―――　―――　―――　―――　―――

第七课
Dì-qī kè

一、生字 New characters

夜	yè	night
季	jì	season
春	chūn	spring
夏	xià	summer
秋	qiū	autumn, fall
热	rè	hot
冷	lěng	cold
刮	guā	to blow
雪	xuě	snow
而	ér	and
且	qiě	and
末	mò	end
历	lì	experience, calendar
史	shǐ	history
产	chǎn	to produce
册	cè	volume

研	yán	to study, to research
究	jiū	to study carefully
改	gǎi	to change
革	gé	to change, to transform
放	fàng	to put
切	qiè	

二、字—词（词组）From characters to words (phrases)

季—节	季节	jìjié	season
春—天	春天	chūntiān	spring
夏—天	夏天	xiàtiān	summer
秋—天	秋天	qiūtiān	autumn, fall
刮—风	刮风	guā fēng	to be windy
下—雪	下雪	xià xuě	to snow
而—且	而且	érqiě	and/but also
周—末	周末	zhōumò	weekend
历—史	历史	lìshǐ	history
产—生	产生	chǎnshēng	to produce, to generate
画—册	画册	huàcè	painting album
研—究	研究	yánjiū	to study, to research
改—革	改革	gǎigé	to reform
开—放	开放	kāifàng	to open
一—切	一切	yíqiè	all, everything

三、课文 Texts 07-1

北京的四季

北京是中国的首都,她是中国北方的一个大城市。

北京四季分明。3月到5月是春季,6月到8月是夏季,9月、10月是秋季,11月到第二年的3月初是冬季。

北京的春天常常刮风,气候干燥,很少下雨。四、五月份是花儿的季节,到处都可以看到鲜花,红的、黄的、白的、粉的,非常好看。北京的春天是美丽的。

北京的夏天比较热,7月下旬到8月上旬最热,日平均气温一般在二十五六度,8月平均最高温度将近30度。

北京的秋天天气很好,不冷也不热,很少刮风,也很少下雨。这时候常常能看到蓝蓝的天上飘着白白的云,空气也

首都	shǒudū capital (of a country)
北方	běifāng the northern part of a country
分明	fēnmíng clearly distinguished
初	chū beginning
干燥	gānzào dry
到处	dàochù everywhere
粉	fěn pink
美丽	měilì beautiful
旬	xún period of ten days
平均	píngjūn average
将近	jiāngjìn approximately, almost
飘	piāo to float
云	yún cloud

很清新。秋天是北京最好的季节。

北京的冬天很冷,气候很干燥,常常刮西北风,有时候会下雪。下雪的时候,人们特别高兴,在雪地里照相,堆雪人,打雪仗。

北京的四季各有特点。生活在北京,能感受到冷、暖、热、凉四种气候。你最喜欢北京的哪个季节呢?

清新 qīngxīn
fresh and clean

堆雪人 duī xuěrén
to make a snowman

打雪仗 dǎ xuězhàng
to have a snowball fight

🌑 **读后判断正误**

Read the passage and decide whether the following statements are true (T) or false (F)

(1) 在北京,春、夏、秋、冬四个季节各有三个月长。　　(　　)

(2) 北京的春天风很多,雨很少。　　(　　)

(3) 在北京,春天能看到很多花儿。　　(　　)

(4) 在北京,每年 8 月末最热。　　(　　)

(5) 北京最好的季节是秋天。　　(　　)

(6) 冬天北京很冷,常常刮风,还常常下雪。　　(　　)

四、练习 Exercises

● 快速找出与左边相同的词 Quickly find the same words as those on the left

季节：季度　春节　音节　季节
历史：历代　历史　历来　历年
生产：产生　生产　生成　出产
一切：一刀　一块　一边　一切
改革：改革　改变　改进　改写
开放：开动　开路　开始　开放

● 用下列汉字组词 Make words with the following Chinese characters

研　而　季　春　画　改　夏　秋　周　历　开　产　气
末　革　册　节　始　冬　且　放　究　生　史　天　庭

_____

_____

● 选词填空 Choose the words to fill in the blanks

(1) 北京的____常常刮风。　　　　　　　　　　　　（春天 / 春）

(2) 房间里太热了，你____窗户，好吗？　　　　　　（开放 / 打开）

(3) 这是一本介绍中国改革开放的____。　　　　　　（画册 / 画）

(4) 他对中国古典文学____了兴趣。　　　　　　　　（感 / 产生）

(5) 这里的____都在变。　　　　　　　　　　　　　（一些 / 一切）

(6) 他不但汉语说得好，＿＿汉字也写得好。　　　（和 / 而且）

(7) 他正在＿＿北京的胡同，准备写一篇文章。　　　（学习 / 研究）

(8) 我最近工作很忙，常常＿＿一两点睡觉。　　　（夜里 / 晚上）

五、课外练习 Exercises after class

● 描、写汉字 Trace and copy the following Chinese characters

夜	8画 一亠广产夜夜夜	夜	夜	夜						
季	8画 禾季	季	季	季						
春	9画 三夫春	春	春	春						
夏	10画 一百頁夏夏	夏	夏	夏						
秋	9画 禾秋	秋	秋	秋						
热	10画 扌执执热	热	热	热						
冷	7画 冫冷冷冷	冷	冷	冷						
刮	8画 舌刮	刮	刮	刮						
雪	11画 雨雪	雪	雪	雪						
而	6画 一丆丙而而	而	而	而						
且	5画 刂月且	且	且	且						
末	5画 一二丰末	末	末	末						
历	4画 厂历	历	历	历						

史	5画	口史	史	史	史				
产	6画	亠立产	产	产	产				
册	5画	丿刀刑册	册	册	册				
研	9画	石研	研	研	研				
究	7画	穴究	究	究	究				
改	7画	己攺	改	改	改				
革	9画	一苎茸革	革	革	革				
放	8画	方放	放	放	放				
切	4画	一七切	切	切	切				

● **给下列汉字注音并组词**

Write down the *pinyin* of the following Chinese characters and make words

夏＿＿（　　） 热＿＿（　　） 末＿＿（　　）

复＿＿（　　） 熟＿＿（　　） 未＿＿（　　）

冬＿＿（　　） 刮＿＿（　　） 雪＿＿（　　）

条＿＿（　　） 剧＿＿（　　） 雷＿＿（　　）

● **阅读短文** Read the passage

二十四节气

二十四节气是古代中国人在农业生产实践中逐

渐创立的。开始的时候一年只分为春、秋两季，后来又分为春、夏、秋、冬四季，以后又不断补充、完善。到了公元前200年左右，就有了像现在这样的二十四个节气了。

二十四节气在公历中的日期变化不大：一般上半年在每个月的6号、21号，下半年在每个月的8号、23号，有时候日期会差一两天。

二十四节气的名称很有意思，从节气的名称上人们可以知道是什么季节，大概会是什么样的天气。比如立春、立夏、立秋、立冬，"立"是即将开始的意思，所以这四个节气分别表示春天、夏天、秋天和冬天就要开始了。又如春分、秋分，"分"有平分的意思，在这两天，白天、黑夜正好一样长。"暑"的意思是热，所以"小暑""大暑"告诉人们一年中最热的时候到了。"寒"的意思是冷，"小寒""大寒"告诉人们一年中最冷的时候来了。此外，当"雨水""霜降""小雪""大雪"等节气到来时，人们也就知道可能会出现什么样的天气了。

怎么样，想知道二十四节气都是什么吗？告诉你吧，它们是：

立春　雨水　惊蛰　春分　清明　谷雨
立夏　小满　芒种　夏至　小暑　大暑

立秋　处暑　白露　秋分　寒露　霜降
立冬　小雪　大雪　冬至　小寒　大寒

读后回答问题 Read the passage and answer the following questions

(1) 什么是二十四节气？

(2) "处（chǔ）"古代有终止的意思，那么"处暑"可能表示什么意思？

(3) 猜一猜"小雪""大雪"两个节气大概在几月。

● **预习（查词典，给下列词语注音，并了解其意思）**
Preview (Look up the following words in a dictionary, write down their *pinyin* and learn their meanings)

区　靠　捡　停　落（叶）　坏　该　滑冰
_____

滑雪　家乡　风景　旅游　避暑　经营　人家　尤其
_____

着急　电池　父亲　母亲　凉快　迟到　发财　好事
_____

坏事　结婚　未婚夫　未婚妻　将来　树叶　红叶
_____

第八课
Dì-bā kè

Lesson 8

一、生字 New characters

滑	huá	to slide
冰	bīng	ice
乡	xiāng	native place
风	fēng	wind
景	jǐng	view, scenery
区	qū	area, region
尤	yóu	especially
其	qí	he/she, it, that
凉	liáng	cool
避	bì	to avoid
靠	kào	to rely on
营	yíng	to run
财	cái	wealth
树	shù	tree
叶	yè	leaf
捡	jiǎn	to pick up

着	zháo	
急	jí	worry
停	tíng	to stop
该	gāi	should, ought to
池	chí	pool
迟	chí	late
坏	huài	(to go) bad, broken
未	wèi	not, not yet
婚	hūn	marriage
将	jiāng	to be going to, will

二、字—词（词组）From characters to words (phrases)

滑—冰	滑冰	huá bīng	to skate
滑—雪	滑雪	huá xuě	to ski
家—乡	家乡	jiāxiāng	hometown
风—景	风景	fēngjǐng	scenery, landscape
尤—其	尤其	yóuqí	especially
凉—快	凉快	liángkuai	nice and cool
避—暑	避暑	bì shǔ	to spend a holiday at a summer resort
经—营	经营	jīngyíng	to manage, to run
发—财	发财	fā cái	to get rich, to make a fortune

第八课 Lesson 8

树—叶	树叶	shùyè	leaf
着—急	着急	zháo jí	anxious, worried
电—池	电池	diànchí	battery
迟—到	迟到	chídào	to be (or arrive) late
坏—事	坏事	huàishì	bad thing
好—事	好事	hǎoshì	happy event
结—婚	结婚	jié hūn	to get married
离—婚	离婚	lí hūn	to divorce
未—婚	未婚	wèihūn	unmarried
未婚—妻	未婚妻	wèihūnqī	fiancée
未婚—夫	未婚夫	wèihūnfū	fiancé
将—来	将来	jiānglái	future

三、课文 Texts 08-1

我爱好体育运动

我爱好体育运动，游泳、爬山、滑冰、滑雪，这些运动我都喜欢。

我的家乡是一个海滨城市。小时候，每年夏天我都要去海边游泳。我喜欢在海里游泳。在海里游泳跟在游泳池里不一样。海

海滨　hǎibīn
seaside

游泳池　yóuyǒngchí
swimming pool

· 65 ·

水浮力大，浪也比游泳池里大。在海边游泳时还能捡到一些漂亮的贝壳。

后来，我离开了家乡，到另一个城市去上大学。离我们学校不远的地方有一座山，我常常跟同学们一起去爬山。冬天，我们去山上滑雪；夏天，我们去山上避暑。

来到中国以后，我迷上了中国武术。我学会了太极拳、太极剑。每天早上我都要打太极拳、练太极剑。我觉得中国武术是很好的体育运动，它能健身，还可以防病治病，所以很多中国人，特别是中老年人每天早上都出来打太极拳、练太极剑。

我喜欢体育运动，它使我的学习、生活更加丰富多彩。运动使我有更好的身体，有更好的精力去学习和工作。

浮力 fúlì buoyancy

浪 làng wave

贝壳 bèiké shell

武术 wǔshù wushu, martial arts

太极剑 tàijíjiàn taiji sword, a kind of traditional sword play

更加 gèngjiā even more

丰富多彩 fēngfù-duōcǎi rich and varied

精力 jīnglì vigor, energy

读后判断正误

Read the passage and decide whether the following statements are true (T) or false (F)

(1)"我"小时候常去海边游泳。　　　　　　　　　(　　)

(2)"我"喜欢在海里游泳,在海里游泳就像在游泳池里一样。(　　)

(3)上大学时"我"常常去爬山。　　　　　　　　　(　　)

(4)"我"特别喜欢中国武术。　　　　　　　　　　(　　)

(5)练武术能锻炼身体,也能治病。　　　　　　　　(　　)

(6)运动让我的生活更加丰富多彩。　　　　　　　　(　　)

四、练习 Exercises

● 快速找出与左边相同的词 Quickly find the same words as those on the left

着急：着凉　紧急　着急　急事

电池：水池　电池　电流　田地

迟到：达到　送到　到处　迟到

将来：将要　将军　将来　往来

人家：大家　家人　大学　人家

● 用下列汉字组词 Make words with the following Chinese characters

将　尤　着　迟　母　避　滑　结　凉　电　父　离　愉

暑　冰　亲　到　急　其　来　池　视　婚　雪　快　影

● 选词填空 Choose the words to fill in the blanks

(1) 我父亲是____授，他在大学____历史。　　　（教 jiāo / 教 jiào）

(2) 我朋友下个月____结婚了。　　　　　　　　（就要 / 快要）

(3) 我喜欢文学，____想当作家。　　　　　　　（将来 / 打算）

(4) 别____，再等一会儿，我想他该回来了。　　（停 / 着急）

(5) 时间不早了，____休息了。　　　　　　　　（快要 / 该）

(6) 北京的夏天很热，____是7月下旬到8月上旬，____热。

（特别 / 尤其）

(7) 他从书包里____出一本《英汉大词典》。　　（拿 / 捡）

(8) 我有个习惯，晚饭后____散散步。　　　　　（将 / 愿意）

五、课外练习 Exercises after class

● 描、写汉字 Trace and copy the following Chinese characters

滑	12画	氵氵氵氵氵滑	滑	滑	滑
冰	6画	冫冰	冰	冰	冰
乡	3画	乚乡	乡	乡	乡
风	4画	几凡风	风	风	风
景	12画	日景	景	景	景
区	4画	一丆又区	区	区	区
尤	4画	一尢九尤	尤	尤	尤

第八课 Lesson 8

其	8画	一十廿廿甘其其其	其	其	其						
凉	10画	冫凉	凉	凉	凉						
避	16画	尸辟辟辟避	避	避	避						
靠	15画	告告靠	靠	靠	靠						
营	11画	艹芦营营	营	营	营						
财	7画	贝财	财	财	财						
树	9画	木树	树	树	树						
叶	5画	口叶	叶	叶	叶						
捡	10画	扌捡	捡	捡	捡						
着	11画	丷兰羊着	着	着	着						
急	9画	勹刍急	急	急	急						
停	11画	亻亻停停	停	停	停						
该	8画	讠该	该	该	该						
池	6画	氵池	池	池	池						
迟	7画	𠃌尸尺迟	迟	迟	迟						
坏	7画	土坏	坏	坏	坏						
未	5画	一二十未未	未	未	未						
婚	11画	女妒妒婚婚	婚	婚	婚						

| 将 | 9画 丬 丬丬将 | 将 | 将 | 将 | | | | | |

● 给下列汉字注音并组词

Write down the *pinyin* of the following Chinese characters and make words

冰＿＿（　　）　　着＿＿（　　）　　池＿＿（　　）

泳＿＿（　　）　　看＿＿（　　）　　地＿＿（　　）

未＿＿（　　）　　该＿＿（　　）　　捡＿＿（　　）

末＿＿（　　）　　孩＿＿（　　）　　检＿＿（　　）

营＿＿（　　）

管＿＿（　　）

● 阅读短文 Read the passage

学滑冰

来中国以前，安妮不会滑冰，因为她的国家在热带，没有冰。来中国以后，她见到了雪，也见到了冰。一次，她看到几个朋友滑冰滑得很好，很羡慕，也很想学。

一个周末，安妮约了好朋友琳达和朱蒂一起去冰场。琳达、朱蒂滑得都不错，她们答应教珍妮滑冰。到了冰场，三个人换上冰鞋，来到冰面上。安妮第一次穿

第八课 Lesson 8

冰鞋，站不稳。琳达和朱蒂就左边一个、右边一个扶着她。练了一会儿，安妮能站稳了，她们又教她滑行。刚开始的时候，安妮特别紧张。琳达和朱蒂让她别急，慢慢儿来。她们两个一边鼓励安妮，一边帮她纠正动作。过了一会儿，安妮能慢慢儿地滑一小段了，她高兴极了。琳达和朱蒂也很高兴。

后来，她们又去了几次冰场。安妮进步很快，她已经能滑得很快了。

又是一个周末，她们又来到了冰场。在这儿，安妮碰见了尼娜，她跟安妮来自同一个国家。原来，尼娜也要学滑冰。安妮告诉尼娜，别着急，慢慢儿来，如果她愿意，自己可以教她。尼娜很高兴，安妮也很高兴，因为她现在不但会滑冰了，而且还能当"老师"教别人了。

读后判断正误

Read the passage and decide whether the following statements are true (T) or false (F)

(1) 安妮到中国以后才学习滑冰。　　　　　　　　　　（　　）

(2) 安妮的朋友教她滑冰。　　　　　　　　　　　　　（　　）

(3) 开始学滑冰的时候，安妮很紧张。　　　　　　　　（　　）

(4) 安妮常常自己去冰场练习，所以进步很快。　　　　（　　）

(5) 一天，安妮在冰场见到了尼娜。　　　　　　　　　（　　）

(6) 安妮很高兴教尼娜学滑冰。　　　　　　　　　　　（　　）

● 预习（查词典，给下列词语注音，并了解其意思）
Preview (Look up the following words in a dictionary, write down their *pinyin* and learn their meanings)

捎　　送　　趟　　慢　　声　　向　　展　　览
___　___　___　___　___　___　___　___

展览馆　教学　研讨　研讨会　经过　问好　门口
___　　　___　　___　　___　　　___　　___　　___

辛苦　麻烦　爱人　办事　马上　开车　照相
___　　___　　___　　___　　___　　___　　___

照相机　座位　注意　出土　文物　大约　要求
___　　　___　　___　　___　　___　　___　　___

清楚　师傅　大使　大使馆
___　　___　　___　　___

第九课
Dì-jiǔ kè

Lesson 9

一、生字 New characters

讨	tǎo	to discuss
向	xiàng	towards, to
捎	shāo	to take along something to or for someone, to bring to someone
送	sòng	to deliver, to give
辛	xīn	hard, toilsome
苦	kǔ	hardship, pain; bitter
麻	má	
烦	fán	trouble
趟	tàng	*a measure word for trips*
相	xiàng	appearance, photo
注	zhù	to concentrate
土	tǔ	soil, land
展	zhǎn	to exhibit
览	lǎn	to look at, to see, to view
约	yuē	approximately

· 73 ·

求	qiú	to request
声	shēng	*a measure word for sounds*; sound, voice
清	qīng	clear
楚	chǔ	clear
傅	fù	instructor, teacher
使	shǐ	envoy, emissary

二、字—词（词组）From characters to words (phrases)

研—讨	研讨	yántǎo	to discuss
研讨—会	研讨会	yántǎohuì	seminar, symposium
辛—苦	辛苦	xīnkǔ	hard, toilsome
麻—烦	麻烦	máfan	to trouble; troublesome
照—相	照相	zhào xiàng	to take a photo
照相—机	照相机	zhàoxiàngjī	camera
注—意	注意	zhùyì	to pay attention to
出—土	出土	chū tǔ	(of antiques) to be unearthed, to be excavated
展—览	展览	zhǎnlǎn	to put on display, to exhibit
展览—馆	展览馆	zhǎnlǎnguǎn	exhibition hall
大—约	大约	dàyuē	approximately
要—求	要求	yāoqiú	to ask, to demand; requirement
清—楚	清楚	qīngchu	clear

师—傅	师傅	shīfu	master (*a polite title for one with accomplished skills*)
大—使	大使	dàshǐ	ambassador
大使—馆	大使馆	dàshǐguǎn	embassy

三、课文 Texts  09-1

汉字比赛

上星期我们学校举行了一次留学生汉字比赛,还展览了得奖的作品。我也参加了这次比赛,得了二等奖,我的作品也展览了。

等 děng grade

我们学汉语的时间不太长,只有三个多月,可是我们的进步真不小。记得刚开始学汉语的时候,我们大部分人都不认识汉字,看汉字就像看画儿;也不知道汉字怎么写,有时候少一笔,有时候又多一笔。可是现在我们已经学会几百个汉字了。你看,这些得奖作品中的汉字写得多好看。

记得 jìde
  to remember

大部分 dàbùfen most

笔 bǐ
  stroke in Chinese painting or calligraphy

这次汉字比赛要求比较高,要在规定的时间内写完,而且要整齐、清楚,不能有错字。我平时写汉字非常认真。如果哪个字写错了,我就不怕麻烦,写十遍。这样做辛苦一些,可是错字改对了,记住了,以后就不会忘了。

我得到的奖品是一支毛笔和一本字帖。我想今后我要更加努力,汉字要写得更好,更漂亮。我还想参加书法班,学习书法。我很喜欢书法。下一次汉字比赛我要得一等奖。

规定	guīdìng	to stipulate
错字	cuòzì	wrong character
平时	píngshí	usually
怕	pà	to be afraid of
改	gǎi	to correct
奖品	jiǎngpǐn	award, prize
毛笔	máobǐ	writing brush
字帖	zìtiè	copybook (for calligraphy)

● **读后判断正误**

Read the passage and decide whether the following statements are true (T) or false (F)

(1) "我"参加了一次留学生汉字比赛。   (   )

(2) "我"的作品参加了展览。   (   )

(3) 我们学汉语的时间不长,进步也不大。   (   )

(4) 刚开始学习汉语时大部分汉字我们都不认识。   (   )

(5) 这次汉字比赛要求不能写错字。　　　　　　　（　）

(6) "我"喜欢书法，"我"想参加书法班。　　　　　（　）

四、练习 Exercises

● 快速找出与左边相同的词 Quickly find the same words as those on the left

研讨：研究　研讨　研读　探讨

辛苦：辛劳　亲友　辛苦　劳苦

注意：注音　主意　任意　注意

清楚：清茶　清算　清淡　清楚

要求：需求　要求　球票　寻求

● 用下列汉字组词 Make words with the following Chinese characters

讨　展　麻　注　清　马　文　照　要　师　办　辛　阅　经　教
事　傅　求　老　楚　过　意　烦　物　相　室　上　研　览　苦

_____

_____

● 选词填空 Choose the words to fill in the blanks

(1) 我父母让我____您____好。　　　　　　　　　　　　（问 / 向）

(2) 昨天下午我去了你宿舍三____，你都不在。　　　　　（遍 / 趟）

(3) 两点开车，请大家____住，别____了。　　　　　　　（忘 / 记）

(4) 放心吧，照片我____来以后马上就给你____去。　　　（送 / 取）

(5) ____你帮我买张邮票，行吗?　　　　　　　　　　　（麻烦 / 谢谢）

(6) 你什么时候去邮局告诉我一____。　　　　　　　　　　（次 / 声）

(7) 请大家听____他说的每一句话，特别____时间和地点。

（注意 / 清楚）

(8) 我想____一下大家还有什么____。　　　　　　　　　（问 / 要求）

五、课外练习 Exercises after class

● 描、写汉字 Trace and copy the following Chinese characters

讨	5画	讠讨	讨	讨	讨					
向	6画	亻向	向	向	向					
捎	10画	扌捎	捎	捎	捎					
送	9画	关送	送	送	送					
辛	7画	立辛	辛	辛	辛					
苦	8画	艹苦	苦	苦	苦					
麻	11画	广庐麻	麻	麻	麻					
烦	10画	火烦	烦	烦	烦					
趟	15画	走赴赵赵赵趟	趟	趟	趟					
相	9画	木相	相	相	相					
注	8画	氵注	注	注	注					
土	3画	一十土	土	土	土					

第九课 Lesson 9

展	10画	尸尸尸屏展展展	展	展	展						
览	9画	︑⺍览	览	览	览						
约	6画	纟约约	约	约	约						
求	7画	一十十 求求求	求	求	求						
声	7画	士吉韦韦声	声	声	声						
清	11画	氵清	清	清	清						
楚	13画	木林楚	楚	楚	楚						
傅	12画	亻亻亻佢 俌俌傅	傅	傅	傅						
使	8画	亻亻佢伊使	使	使	使						

● 给下列汉字注音并组词

Write down the *pinyin* of the following Chinese characters and make words

取＿＿（　　　）　　向＿＿（　　　）　　麻＿＿（　　　）

职＿＿（　　　）　　问＿＿（　　　）　　床＿＿（　　　）

苦＿＿（　　　）　　清＿＿（　　　）　　土＿＿（　　　）

若＿＿（　　　）　　请＿＿（　　　）　　士＿＿（　　　）

使＿＿（　　　）

便＿＿（　　　）

● 阅读短文 Read the passage

"师傅"

"师傅"翻译成英语是master，可是这两个词的意思却不完全一样。我听到很多人称呼别人"师傅"，我觉得那些人不应该是师傅。比如，有一次，我去看一个展览。那天看展览的人很多，我一边走一边看。忽然听到后面有人喊了一声："师傅，请让一下！"我不知道他在叫我，继续向前走。这时，后边的喊声更大了："师傅，让一下，让一下！"我回头一看，后边一辆装满了东西的小车过来了，我挡住了它的路。我赶快说："对不起，我不知道你们在说我。""没事儿。"说完他们就过去了。我觉得奇怪，他们不知道我是谁，为什么叫我"师傅"呢？还有一次，我坐出租汽车。司机问我："去哪儿，师傅？"我说："北京大学。"司机看了看我，说："你是留学生吧？"我说："对。"然后，我们就聊了起来。我问他刚才为什么叫我"师傅"，他说他没看出来我是留学生。我又问他，中国人为什么常常称呼陌生人"师傅"，他说，"师傅"在汉语中是一个敬

第九课 Lesson 9

称,也就是尊敬他人的称呼。我明白了,我说:"谢谢你,师傅。你教会了我'师傅'这个词,现在我会用了。"

读后回答问题 Read the passage and answer the following questions

(1) "师傅"和 master 一样吗?

(2) "我"是怎样学会"师傅"这个词的?

● 预习(查词典,给下列词语注音,并了解其意思)
Preview (Look up the following words in a dictionary, write down their *pinyin* and learn their meanings)

苦　甜　摸　脉　治　细　第　糖

———　———　———　———　———　———　———　———

嘛　住院　中医　中成药　药方　按摩　针灸　方法

———　———　———　———　———　———　———　———

打针　扎针　曾经　烤鸭　中餐　白薯　糖葫芦　亲耳

———　———　———　———　———　———　———　———

钢琴　演奏　小提琴　协奏曲　好听

———　———　———　———　———

第十课
Dì-shí kè

Lesson 10

一、生字 New characters

甜	tián	sweet
摸	mō	to feel, to touch
脉	mài	pulse, arteries and veins
按	àn	to press, to push down
摩	mó	to touch, to rub
灸	jiǔ	moxa treatment
治	zhì	to treat/cure (a disease)
扎	zhā	to prick
细	xì	thin
曾	céng	once, used to
烤	kǎo	to roast, to toast, to bake
鸭	yā	duck
第	dì	*a prefix indicating ordinal numbers*
餐	cān	meal
薯	shǔ	potato
糖	táng	sugar

第十课 Lesson 10

葫	hú	
芦	lú	
亲	qīn	in person
耳	ěr	ear
钢	gāng	steel
琴	qín	a general name for certain musical instruments
协	xié	to do sth. jointly
奏	zòu	to play (a musical instrument)

二、字—词（词组） From characters to words (phrases)

按—摩	按摩	ànmó	to massage
针—灸	针灸	zhēnjiǔ	acupuncture and moxibustion
扎—针	扎针	zhā zhēn	to give or have an acupuncture treatment
曾—经	曾经	céngjīng	indicating that an action once happened in the past or a state once existed
烤—鸭	烤鸭	kǎoyā	roast duck
中—餐	中餐	zhōngcān	Chinese food
西—餐	西餐	xīcān	Western food
白—薯	白薯	báishǔ	sweet potato
糖—葫芦	糖葫芦	tánghúlu	sugarcoated haws on a stick, a popular winter snack in northern China

亲—耳	亲耳	qīn'ěr	(to hear) with one's own ears
钢—琴	钢琴	gāngqín	piano
演—奏	演奏	yǎnzòu	to play (a musical instrument)
提—琴	提琴	tíqín	the violin family
小—提琴	小提琴	xiǎotíqín	violin
协奏—曲	协奏曲	xiézòuqǔ	concerto

三、课文 Texts  10-1

针灸

针灸是中国医学的宝贵遗产。针灸治病在中国已经有几千年的历史了。它方法简便，效果很好，可以治疗很多种病，不少人都喜欢用针灸治病。

人们常说的针灸疗法主要包括针刺和灸灼两种方法。针刺疗法是用一根很细的银针，扎在人体的某些穴位上，通过针刺产生的刺激来治病。针刺疗法可以用来止疼，而且效果不错。它对一般的头疼、牙疼等都有很好的止疼效果。针刺

宝贵　bǎoguì
valuable, precious

遗产　yíchǎn
legacy, heritage

简便　jiǎnbiàn
simple and convenient

疗法　liáofǎ
therapy, treatment

包括　bāokuò
to include

针刺　zhēncì
acupuncture

灸灼　jiǔzhuó
moxibustion

穴位　xuéwèi
acupuncture point

通过　tōngguò
by means of

麻醉是一种独特的麻醉技术，现在已经用在多种外科手术中。

中国的针灸疗法很早就传到了外国。近些年来，不少外国医生对针灸很感兴趣，他们来中国学习针灸，回国后，用针灸给病人治病。现在中国针灸已经传到了一百多个国家，成为世界医学的一部分。针灸这一古老的中医疗法为世界医学的发展做出了很大贡献。

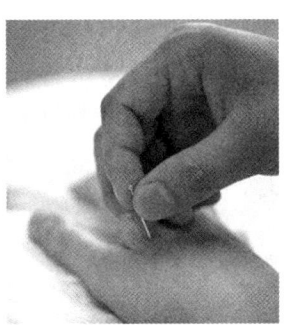

刺激　cìjī　to stimulate

止　zhǐ　to stop

麻醉　mázuì　anesthesia

技术　jìshù　technology

外科　wàikē　surgery, surgical department

手术　shǒushù　operation

贡献　gòngxiàn　contribution

● 读后判断正误

Read the passage and decide whether the following statements are true (T) or false (F)

(1) 针灸疗法在中国有一千年的历史。　　　　　　　　　　（　）

(2) 针灸疗法简单，方便。　　　　　　　　　　　　　　　（　）

(3) 针灸疗法就是用一根针扎一下。　　　　　　　　　　　（　）

(4) 针刺可以治疗头疼。　　　　　　　　　　　　　　　　（　）

(5) 现在有的手术使用针刺来麻醉。　　　　　　　　　　　（　）

(6) 一些外国医生也学会了针灸，而且能用针灸治病。　　　（　）

四、练习 Exercises

● 快速找出与左边相同的词 Quickly find the same words as those on the left

钢琴： 风琴　钢琴　钢笔　提琴

亲耳： 亲手　亲自　亲耳　亲身

药方： 药房　药方　药片　药水

演奏： 演出　演员　演唱　演奏

打针： 扎针　打针　打铁　针扎

方法： 方法　办法　文法　手法

烤鸭： 烤鸡　烤鹅　烧鸭　烤鸭

● 用下列汉字组词 Make words with the following Chinese characters

协　演　钢　小　药　提　针　历　曾　按　烤　过　亲　中
扎　餐　经　西　打　鸭　笔　耳　摩　奏　琴　方　灸　曲

_____

_____

● 选词填空 Choose the words to fill in the blanks

(1) 到北京以后我____过两次感冒了。　　　　　　　　（有 / 得）

(2) 针灸用"针"治病，是____，不是____。　　　　　（打针 / 扎针）

(3) 我____一次来中国是在 2006 年。　　　　　　　　（第 / 弟）

(4) 昨天我去____病，大夫给我开了一种药，他说这种药____我的
　　病很好。　　　　　　　　　　　　　　　　　　　（治 / 看）

第十课 Lesson 10

(5) 这本书我看过一____，不过没看完。　　　　　（遍 / 次）

(6) 我有一个朋友有病____了。　　　　　　　　　（住院 / 进院）

(7) 每个人都有自己的工作____。　　　　　　　　（方法 / 办法）

(8) 我们得想个____让他好好儿休息几天。　　　　（方法 / 办法）

五、课外练习 Exercises after class

● 描、写汉字 Trace and copy the following Chinese characters

甜	11画	舌舌一甜甜 甜甜	甜	甜	甜
摸	13画	扌扩措摸	摸	摸	摸
脉	9画	月脉	脉	脉	脉
按	9画	扌按	按	按	按
摩	15画	广麻摩	摩	摩	摩
灸	7画	丿クタ灸	灸	灸	灸
治	8画	氵治	治	治	治
扎	4画	扌扎	扎	扎	扎
细	8画	纟细	细	细	细
曾	12画	丷丷 曾曾曾	曾	曾	曾
烤	10画	火烤	烤	烤	烤
鸭	10画	甲鸭	鸭	鸭	鸭

第	11画	竹竹竺笃 第第	第	第	第					
餐	16画	卜夕夕夕夕夕 夕夕餐餐餐	餐	餐	餐					
薯	16画	艹茜薯	薯	薯	薯					
糖	16画	米米米米 米米糖糖	糖	糖	糖					
葫	12画	艹芏葫	葫	葫	葫					
芦	7画	艹芦	芦	芦	芦					
亲	9画	立立辛 辛亲	亲	亲	亲					
耳	6画	一丌丌耳耳	耳	耳	耳					
钢	9画	钅钢	钢	钢	钢					
琴	12画	王玨琴	琴	琴	琴					
协	6画	一十协	协	协	协					
奏	9画	夫 奏	奏	奏	奏					

● 给下列汉字注音并组词

Write down the *pinyin* of the following Chinese characters and make words

协＿＿＿（　　）　　鸭＿＿＿（　　）　　按＿＿＿（　　）

切＿＿＿（　　）　　鸡＿＿＿（　　）　　接＿＿＿（　　）

扎＿＿＿（　　）　　第＿＿＿（　　）　　提＿＿＿（　　）

礼＿＿＿（　　）　　弟＿＿＿（　　）　　题＿＿＿（　　）

第十课 Lesson 10

● 阅读短文 Read the passage

《梁祝》

《梁祝》是小提琴协奏曲《梁山伯与祝英台》的简称。这是一部根据中国古代民间故事写成的乐曲，乐曲十分优美动听，它描绘了青年男女梁山伯和祝英台动人的爱情故事。

梁山伯和祝英台是同学。中国古时候，女孩子是不能去学校读书的，所以英台只好女扮男装去上学。她与山伯一起学习了三年，两个人感情特别好，英台很喜欢山伯。可是山伯并不知道英台是女的。回家之前，英台告诉山伯，她有一个妹妹，可以嫁给他。分别时两人依依不舍。回到家，英台的父母要她嫁给别人，英台不同意，可是又没有办法。过了一段时间，山伯去英台家求婚，他听说英台要嫁给别人了，这才知道英台原来是个女的。山伯家里很穷，英台的父母不同意英台嫁给山伯。山伯非常思念英台，不久就病死了。英台在出嫁的路上，路过山伯的坟墓。她来到墓前，伤心地大哭。这时，刮起了大风，响起了雷声，下起了大雨。突然一声响，坟墓开了，英台跳了进去，坟墓马上又合上了。风停了，雨也不下了，花开了，一对蝴蝶从坟墓中飞了出来。从此以后，人们常常能看到一对对蝴蝶在那儿飞来飞去。人们都说,这些蝴蝶就是梁山伯和祝英台变的。

梁山伯和祝英台的爱情故事很美,《梁祝》这首小提琴协奏曲也很动听。

读后回答问题

Read the passage and answer the following questions

(1)《梁祝》是一首什么乐曲?

(2) 说一说梁山伯与祝英台的爱情故事。

● 预习(查词典,给下列词语注音,并了解其意思)

Preview (Look up the following words in a dictionary, write down their *pinyin* and learn their meanings)

导游　研究生　打工　利用　假期　旅行社　组织
_____

老板　需要　经常　收集　安排　帮助　铁路
_____

风光　商量　故乡　自由　活动　互相　老外
_____

鼻子　头发　眼睛　声调　希望
_____

第十一课
Dì-shíyī kè

Lesson 11

一、生字 New characters

导	dǎo	to guide
社	shè	organized body, agency, society
组	zǔ	to organize
织	zhī	to weave
板	bǎn	
需	xū	to need
收	shōu	to collect
排	pái	to arrange in order
助	zhù	to help
量	liáng	to measure
由	yóu	
呀	ya	used in place of "啊" when the preceding characters end in sound a, e, i, o, or ü
鼻	bí	nose
眼	yǎn	eye
睛	jīng	eyeball

调	diào	tone
希	xī	to hope
望	wàng	to hope, to expect
互	hù	each other
孔	Kǒng	*a surname*

二、字—词（词组）From characters to words (phrases)

导—游	导游	dǎoyóu	tourist guide
旅行—社	旅行社	lǚxíngshè	travel agency
组—织	组织	zǔzhī	to organize; organization
老—板	老板	lǎobǎn	boss
收—集	收集	shōují	to gather, to collect
安—排	安排	ānpái	to arrange
帮—助	帮助	bāngzhù	to help
商—量	商量	shāngliang	to consult, to discuss, to talk over with sb.
自—由	自由	zìyóu	free
鼻—子	鼻子	bízi	nose
眼—睛	眼睛	yǎnjing	eye
声—调	声调	shēngdiào	tone (of a Chinese character)
希—望	希望	xīwàng	to hope; hope
互—相	互相	hùxiāng	mutually, each other

第十一课 Lesson 11

三、课文 Texts  11-1

我的课余生活

从星期一到星期五，我们每天上午都有四节课。星期二和星期四下午也有课。我们的学习比较紧张。

除了上课，我还参加了其他一些活动，比如书法班、太极拳班。我喜欢书法，每天我都要练习一个小时。我的书法作品参加了学校组织的留学生书法展。我也喜欢打太极拳，这是一种很好的健身运动。每星期一和星期四下午五点，我去学校的太极拳辅导班学习。我打得还不太好，还需要多多练习。

我还喜欢看书，特别是介绍中国历史和中国社会的书。下午没课的时候，我常常去学校的图书馆借书，看书。我也

课余 kèyú
after school, extracurricular

紧张 jǐnzhāng
intense, strenuous

除了 chúle
besides

比如 bǐrú
for example

买了不少介绍中国历史和中国社会的书。到了周末，我还会出去走走，我想更多地了解中国当今社会各方面的情况。

假期的时候，我常和朋友去中国各地旅行。我参观过不少名胜古迹，也到过一些有名的城市。旅行使我看到了很多美丽的山川，了解了中国各地的民俗文化，也使我亲身感受到了中国的发展变化。

我觉得我的课余生活很丰富。

山川　shānchuān
mountains and rivers

民俗　mínsú
folk custom

亲身　qīnshēn
personal, first-hand

● **读后判断正误**

Read the passage and decide whether the following statements are true (T) or false (F)

(1) 我们每星期上五天课。　　　　　　　　　　　　(　)

(2) 每星期有两个下午上课。　　　　　　　　　　　(　)

(3) "我"每天下午都要练习书法和太极拳。　　　　　(　)

(4) "我"很喜欢看介绍中国历史和社会的书。　　　　(　)

(5) 每天下课以后"我"都要到外边走走。　　　　　　(　)

(6) 假期"我"常常去旅行。　　　　　　　　　　　　(　)

第十一课 Lesson 11

四、练习 Exercises

● 快速找出与左边相同的词 Quickly find the same words as those on the left

利用：使用　利用　租用　借用
需要：需求　需要　重要　简要
铁路：铁道　道路　铁路　路线
自由：自主　自用　自费　自由
互相：相互　互助　互相　相片

● 用下列汉字组词 Make words with the following Chinese characters

导　互　铁　组　利　需　自　帮　眼　头　经　老　收
助　由　发　板　要　用　织　路　相　集　游　睛　常

_____

_____

● 在下面的空格中填上一个汉字，使其上下、左右各成为一个词（词组）
Put a Chinese character in each of the following blanks to make a word/phrase in each direction

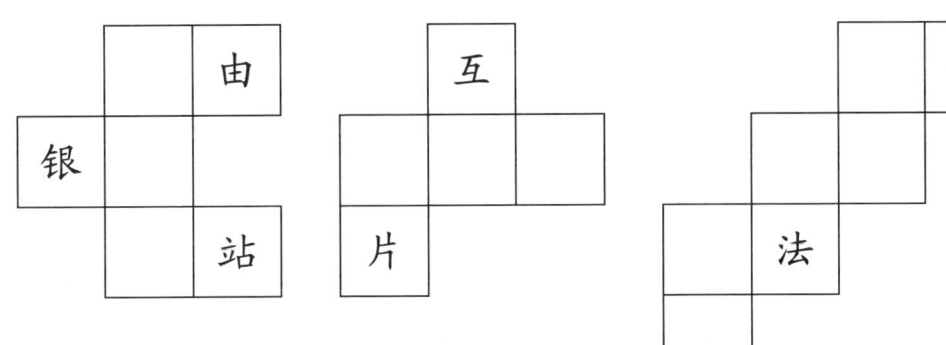

● **选词填空** Choose the words to fill in the blanks

(1) 你最近太累了，____好好儿休息。　　　　　　（需要 / 要求）

(2) 这个周末学校____我们去大同旅行。　　　　　（组织 / 陪）

(3) 我的爱好是____各国的钱币。　　　　　　　　（集合 / 收集）

(4) 我姐姐下周来北京旅游，我想____她看看北京的名胜古迹。

（陪 / 跟）

(5) 下午没有课，是____活动时间，你们____组织一些活动吧。

（自由 / 自己）

(6) 坐____旅行可以好好儿看看____两边的风光。（铁路 / 火车）

(7) 我们____是同学，应该____帮助。　　　　　　（互相 / 两个）

(8) 我____送玛丽一件有意思的生日礼物，咱们____一下，好吗？

（商量 / 想）

五、课外练习 Exercises after class

● **描、写汉字** Trace and copy the following Chinese characters

导	6画	㠯导	导	导	导				
社	7画	礻社	社	社	社				
组	8画	纟组	组	组	组				
织	8画	纟织	织	织	织				
板	8画	木板	板	板	板				
需	14画	需需	需	需	需				

第十一课 Lesson 11

收	6画	丩收	收	收	收					
排	11画	扌排	排	排	排					
助	7画	且助	助	助	助					
量	12画	吅旦量	量	量	量					
由	5画	丨冂由由	由	由	由					
呀	7画	叫吁呀呀	呀	呀	呀					
鼻	14画	自畠鼻鼻	鼻	鼻	鼻					
眼	11画	目眼	眼	眼	眼					
睛	13画	目睛	睛	睛	睛					
调	10画	讠调	调	调	调					
希	7画	丿乂兰产希	希	希	希					
望	11画	亡玥望	望	望	望					
互	4画	一工互互	互	互	互					
孔	4画	孑孔	孔	孔	孔					

● 给下列汉字注音并组词

Write down the *pinyin* of the following Chinese characters and make words

导____(   )   社____(   )   需____(   )

异____(   )   杜____(   )   雪____(   )

铁___（   ）　　由___（   ）　　晴___（   ）

珠___（   ）　　田___（   ）　　睛___（   ）

● 阅读短文 Read the passage

汉语的声调

　　汉语是有声调的语言。现代汉语的声调有一声、二声、三声、四声和轻声。汉语的声调有区别意义的作用，妈（mā）、麻（má）、马（mǎ）、骂（mà）、吗（ma），五个字声调不同，意义也完全不同。

　　声调表现在音高的变化上。如果用1、2、3、4、5表示声音的高低，汉语的一声是一个高平调，也就是55；四声是由最高降到最低，也就是51；二声是个中升调，由音高居中的3升至最高的5，也就是35；三声是先降后升，在音高的变化上是214。

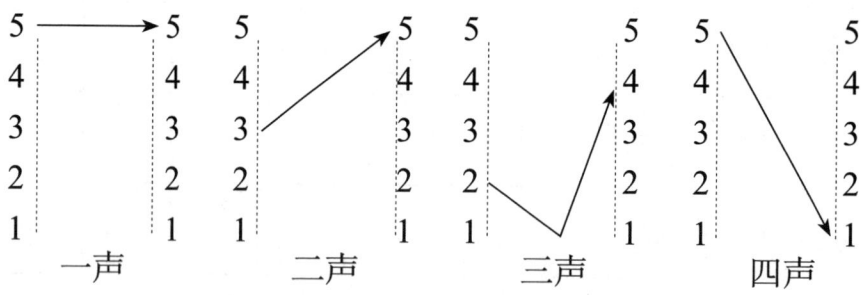

　　声调中的音高是相对的，男士和女士、成年人和儿童，发一声时音高会有一些不同。声调的高低升降变化是滑动的，不是跳跃式的。汉语中每一个字都有声调。

第十一课 Lesson 11

现代汉语中"一（yī）""不（bù）"后接其他词语或在句子中会发生变调。此外，现代汉语中的三声音节在语流中也会发生变调。

读后回答问题 Read the passage and answer the following questions

(1) 声调有什么特别的作用？当听到 dǎqiú、dàqiú 时，你会想到什么？

(2) 你们国家的语言有什么特点？有没有声调？

● 预习（查词典，给下列词语注音，并了解其意思）
Preview (Look up the following words in a dictionary, write down their *pinyin* and learn their meanings)

交　　像　　贴　　棒　　半天　　护照　　签证
____　____　____　____　____　____　____

手提包　口袋　丢三落四　球迷　程度　为了
____　____　____　____　____　____

正常　承认　发狂　锦标赛　世界杯　期间　生病
____　____　____　____　____　____　____

白天　精神　通知　暂停　营业　亲眼　辞职
____　____　____　____　____　____　____

最后　佩服
____　____

第十二课
Dì-shí'èr kè

Lesson 12

一、生字 New characters

护	hù	to protect, to guard
签	qiān	to sign, to endorse
证	zhèng	certificate
袋	dài	bag, pocket
丢	diū	to lose
程	chéng	
承	chéng	to undertake, to assume
狂	kuáng	crazy
锦	jǐn	bright and beautiful
标	biāo	mark, sign
像	xiàng	to look as if, to seem
精	jīng	perfect, excellent
神	shén	spirit
贴	tiē	to paste, to attach, to glue
暂	zàn	temporary; for the moment
辞	cí	to resign

第十二课 Lesson 12

职	zhí	job
佩	pèi	to admire
棒	bàng	terrific, amazing

二、字—词（词组）From characters to words (phrases)

护—照	护照	hùzhào	passport
签—证	签证	qiānzhèng	visa
口—袋	口袋	kǒudai	pocket
丢—三—落—四	丢三落四	diūsān-làsì	forgetful
程—度	程度	chéngdù	extent, degree
承—认	承认	chéngrèn	to admit
发—狂	发狂	fā kuáng	to go mad, to be crazy
锦—标	锦标	jǐnbiāo	prize, award given to the winner of a competition
锦标—赛	锦标赛	jǐnbiāosài	tournament
精—神	精神	jīngshen	spirit; vigorous
暂—停	暂停	zàntíng	to pause, to stop for the time being
暂—时	暂时	zànshí	temporary
辞—职	辞职	cí zhí	to resign, to quit one's job
佩—服	佩服	pèifú	to think highly of, to admire

三、课文 Texts  12-1

听讲座

上周王华教授给我们做了一个讲座,是讲汉语学习的。王教授教了20多年汉语了。

王教授说,学习汉语,没有一些人说的那么难,也不像有人说的那么容易。不过,想学好汉语,一定要努力。对大部分留学生来说,汉字难写,难认,难记,需要用比较多的时间。很多留学生认为,那么多汉字怎么能记住呢?其实,常用汉字只有2500多个,一般人掌握这2500多个汉字就够了。汉语的词是由一个个汉字组成的。知道了每一个字的意思,那么由它们组成的词的意思也就很容易理解了。但是,这还不够。汉语的词汇很丰富,有些词不能只从字面上去

讲座	jiǎngzuò lecture
其实	qíshí in fact
掌握	zhǎngwò to master
由…组成	yóu…zǔchéng to be composed of
理解	lǐjiě to comprehend, to understand
字面	zìmiàn literal

第十二课 Lesson 12

理解,还需要了解中国的历史、文化和社会习俗,等等。比如,"马""虎"这两个字大家都认识,但是在"你太马虎了"中,"马虎"的意思却不是"马"和"虎",而是"不认真"。

王教授说,学习语言,特别是外语,会有不少困难。困难是暂时的,只要多听,多说,多看,多写,一定能学好。王教授还说,我们在中国学习汉语,语言环境很好,我们应该好好儿利用这个环境。

我觉得王教授讲得很好。我要好好儿利用这一年的学习时间,多学一些汉字,多掌握一些词汇,多说汉语,争取一年以后汉语水平能有比较大的提高。

习俗 xísú
custom

● 读后判断正误

Read the passage and decide whether the following statements are true (T) or false (F)

（1）上星期王教授做了一个讲座。　　　　　　　　　　（　　）

（2）留学生都认为汉字难写、难认、难记。　　　　　　（　　）

（3）一般人掌握2500个汉字就够了。　　　　　　　　　（　　）

（4）如果知道了每一个汉字的意思，那么就一定能知道由它们组成的词的意思。　　　　　　　　　　　　　　　　（　　）

（5）有时候一个词的意思不能只从字面意思去理解。　　（　　）

（6）在中国学汉语语言环境好。　　　　　　　　　　　（　　）

四、练习 Exercises

● 快速找出与左边相同的词 Quickly find the same words as those on the left

发现：发明　实现　发现　展现

正常：正当　正常　平常　正字

期间：时间　其间　相间　期间

通知：通告　通知　通话　知道

亲眼：亲自　亲身　亲朋　亲眼

为了：为人　为了　为何　力士

第十二课 Lesson 12

● **用下列汉字组词** Make words with the following Chinese characters

护 亲 精 程 签 耳 发 正 口 营 佩 辞 期
服 袋 业 常 现 间 职 语 证 神 度 眼 照

_____

_____

● **在下面的空格中填上一个汉字，使其上下、左右各成为一个词（词组）**
Put a Chinese character in each of the following blanks to make a word/phrase in each direction

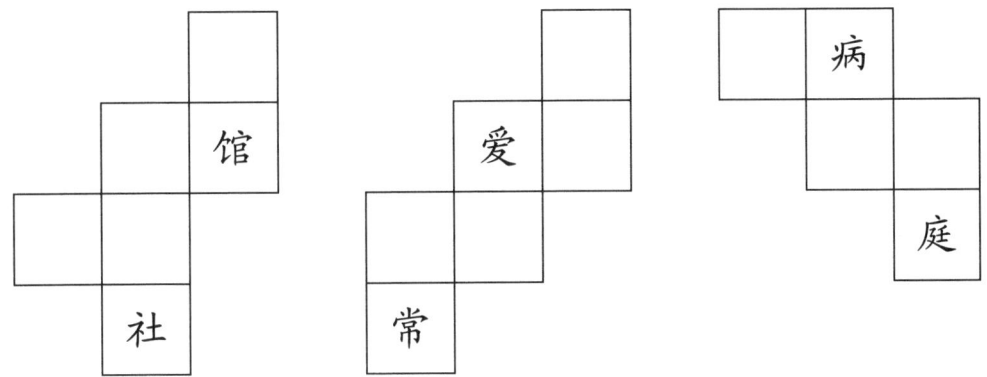

● **选词填空** Choose the words to fill in the blanks

(1) 这家商店的____时间是早9点到晚10点。　　　　（营业 / 上班）

(2) 他是个球迷，____看球可以不吃饭、不睡觉。　　（因为 / 为了）

(3) 我唱歌的____太一般了，不能跟你们比。　　　　（水平 / 程度）

(4) 你____这个人跟大家有什么不同了吗？　　　　　（发现 / 看见）

(5) 我____每天下午要打一个小时太极拳。　　　　　（正常 / 一般）

(6) 作业本我已经____老师了。　　　　　　　　　　（交给 / 送给）

(7) 王丽让我____你，她看见了学校的____：下周检查身体。

　　　　　　　　　　　　　　　　　　　　　　　　（告诉 / 通知）

· 105 ·

五、课外练习 Exercises after class

● 描、写汉字 Trace and copy the following Chinese characters

护	7画	扌护	护	护	护					
签	13画	竹签	签	签	签					
证	7画	讠证	证	证	证					
袋	11画	代袋	袋	袋	袋					
丢	6画	一二千王丢	丢	丢	丢					
程	12画	禾利程	程	程	程					
承	8画	了了了 孖孖承	承	承	承					
狂	7画	犭狂	狂	狂	狂					
锦	13画	钅钔锦	锦	锦	锦					
标	9画	木杤标	标	标	标					
像	13画	亻伙伤伤 傍傍像像	像	像	像					
精	14画	米精	精	精	精					
神	9画	礻神	神	神	神					
贴	9画	贝贴	贴	贴	贴					
暂	12画	车斩暂	暂	暂	暂					
辞	13画	舌辞	辞	辞	辞					

第十二课 Lesson 12

职	11画	耳职	职	职	职			
佩	8画	亻们仴佩佩	佩	佩	佩			
棒	12画	木栱棒	棒	棒	棒			

● 给下列汉字注音并组词

Write down the *pinyin* of the following Chinese characters and make words

狂____（　　） 丢____（　　） 证____（　　）

逛____（　　） 去____（　　） 让____（　　）

签____（　　） 锦____（　　） 贴____（　　）

答____（　　） 棉____（　　） 站____（　　）

● 阅读短文 Read the passage

汉字的笔画

汉字的基本笔画有点、横、竖、撇、捺。从汉字最初的结构看，这些笔画大多数是一些形象有趣的表示意义的符号。

（1）点（、）

"鸟"字中的一点表示鸟的眼睛；"立"字上的一点表示人的头；"冷""凉""冻"等字的两

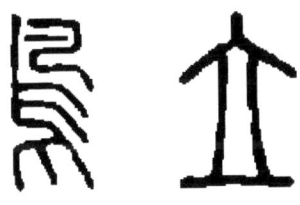

点表示冰;"羊"字上的两点表示羊角;"江""海"等字的三点表示水;"燕"字底下的四点表示鸟的尾巴;"热""煮"等字底下的四点表示火。

（2）横（一）

"旦"字下的一横表示地面，太阳离开地面刚升起的时候就是"旦";"雨"字上的一横表示天，水滴从天降下，这就是"雨";"元"字最上面的一横表示人的头，人体头为首，"第一、开始"就是"元";"册"字中的一横表示绳子，竹简写上字再用绳子穿起来就是"册"，这就是古代的书。

（3）竖（｜）

"木"字中的一竖表示树干;"网"字两边的两竖表示网两端的木棒。

（4）撇（丿）

"右"中的一撇表示右手臂;"须"字左边的三撇表示胡

须;"彪"字右边的三撇表示老虎的花纹。

（5）捺（㇏）

"又"字的一捺表示手臂;"人"字的一捺表示人的躯干。

了解这些笔画所表示的意义，对理解汉字的意义、掌握汉字会有一些帮助。

读后回答问题 Read the passage and answer the following questions

(1) 最初汉字的笔画表示什么？

(2) 说说"照"字底下的四点表示什么。

(3) 想想"山"字中间的一竖表示什么。

(4) 想想"天"字上边的一横代表什么。

● **预习（查词典，给下列词语注音，并了解其意思）**
Preview (Look up the following words in a dictionary, write down their *pinyin* and learn their meanings)

选　闭　碰　整　摔　掉　虚　油画

放大　差点儿　事故　眼镜（儿）　倒霉　摔跤　地上

上班　下班　保证　遵守　规则　造成　拥挤

主要　原因　之一　引起　赶快　发展　别提了

第十三课
Dì-shísān kè

一、生字 New characters

选	xuǎn	to select, to choose
闭	bì	to close
虚	xū	unclear, blurred
删	shān	to delete
寸	cùn	*a unit of length* (= 1/30 *meter*)
碰	pèng	to come across, to run into
事	shì	
整	zhěng	full, whole
镜	jìng	lens, optical device for aiding eyesight or optical experiments
倒	dǎo	to fail
霉	méi	mildew, bad (luck)
摔	shuāi	to fall, to tumble
跤	jiāo	fall
掉	diào	to drop
保	bǎo	to guarantee
遵	zūn	to follow, to observe

守	shǒu	to observe
规	guī	rule, regulation
则	zé	rule, regulation
造	zào	to make, to create, to build
拥	yōng	(of a crowd) to throng, to swarm
主	zhǔ	main
之	zhī	of
引	yǐn	to cause

二、字—词（词组）From characters to words (phrases)

事—故	事故	shìgù	accident
眼—镜（儿）	眼镜儿	yǎnjìngr	glasses
倒—霉	倒霉	dǎo méi	unlucky
摔—跤	摔跤	shuāi jiāo	(of body) to tumble, to lose one's balance
保—证	保证	bǎozhèng	to guarantee
遵—守	遵守	zūnshǒu	to abide by
规—则	规则	guīzé	rule, regulation
造—成	造成	zàochéng	to cause, to bring about
拥—挤	拥挤	yōngjǐ	to be crowded; crowded
主—要	主要	zhǔyào	main
之—一	之一	zhī yī	one of
引—起	引起	yǐnqǐ	to cause, to lead to

三、课文 Texts 13-1

注意交通安全

在北京，因为有共享单车，所以出门非常方便。骑上共享单车，去哪儿都可以，可是要注意安全，别骑得太快，太快了很容易发生交通事故。昨天，我就碰到一起交通事故。

昨天下午我骑车去看一个朋友。骑到一个十字路口，遇上了红灯。我下了车，想等绿灯亮了再过去。这时候，一个戴眼镜的小伙子从后边骑过来。他骑得很快，到了十字路口也没停车，还继续往前边骑。忽然，从左边路口开过来一辆汽车，小伙子没注意，一下子撞到了汽车上。小伙子摔了一跤，手摔破了，眼镜也摔坏了。大家赶快把他扶起来，汽车司机也下车来看他。看到他没受什

安全 ānquán safety

共享单车
gòngxiǎng dānchē
shared bicycle

十字路口 shízì lùkǒu
crossroad

戴 dài to wear

撞 zhuàng
to bump against

破 pò broken

扶 fú
to support oneself or sb. else with the hand

第十三课 Lesson 13

么重伤，大家都放心了。

引发交通事故的原因很多，但是不遵守交通规则是其中一个重要原因。这起事故就是因为小伙子骑快车、不遵守交通规则。

重要　zhòngyào
important

为了保证交通安全，大家都要遵守交通规则。骑自行车时，一定要在自行车道里骑，不要骑得太快。到了路口，更要特别注意。遇上红灯时，一定要停下来，等绿灯亮了再走。只要人们遵守交通规则，注意交通安全，事故就会减少。

道　dào
path, road

只要　zhǐyào
as long as

减少　jiǎnshǎo
to decrease

为了您和他人的安全，请遵守交通规则。

● **读后判断正误**

Read the passage and decide whether the following statements are true (T) or false (F)

(1) 骑车容易引发交通事故。　　　　　　　　　　　　(　　)

(2) 在一个十字路口，红灯亮了，"我"停了车，那个小伙子没停。　　　　　　　　　　　　　　　　　　　　(　　)

（3）那个小伙子撞到了汽车上。　　　　　　　　　（　）

（4）小伙子受了重伤。　　　　　　　　　　　　　（　）

（5）这起交通事故完全是因为小伙子骑快车、不遵守交通规则。

　　　　　　　　　　　　　　　　　　　　　　　（　）

（6）大家都遵守交通规则，注意交通安全，交通事故就会减少。

　　　　　　　　　　　　　　　　　　　　　　　（　）

● **读后回答问题** Read the passage and answer the following questions

（1）为什么说在北京出门很方便？

（2）"我"碰到的这起交通事故是什么时候、在哪儿、怎么发生的？

（3）骑自行车应该注意什么？

四、练习 Exercises

● **快速找出与左边相同的词** Quickly find the same words as those on the left

油画：	国画	油田	油画	描画
眼镜：	眼睛	明镜	情境	眼镜
造成：	造反	造成	速成	适应
保证：	保护	做证	论证	保证
原因：	原由	病因	原因	成因
赶快：	赶忙	赶快	欢快	赶紧

● 用下列汉字组词 Make words with the following Chinese characters

事 拥 眼 引 床 倒 遵 原 赶 保 油 规 愉 成
快 因 霉 绩 守 睛 画 起 镜 造 则 挤 故 证

_____

_____

● 在下面的空格中填上一个汉字，使其上下、左右各成为一个词（词组）
Put a Chinese character in each of the following blanks to make a word/phrase in each direction

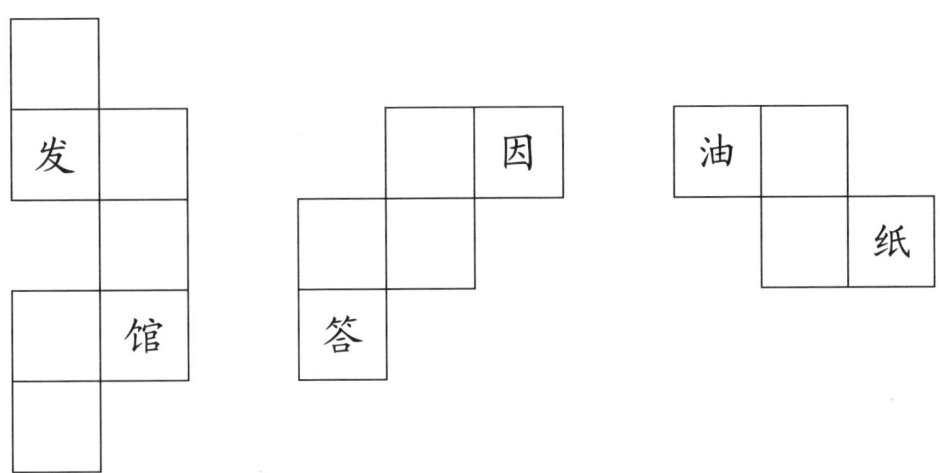

● 选词填空 Choose the words to fill in the blanks

(1) 他的眼镜____在地上____坏了。　　　　　　　　　　（摔 / 掉）

(2) 那个地方常常发生交通____。　　　　　　　　　　　（事 / 事故）

(3) 人多车多是____交通拥挤的一个重要原因。　　　　　（造成 / 产生）

(4) 真____霉，我们____车站时车刚开走。　　　　　　　（到 / 倒）

(5) ____不好应该戴____。　　　　　　　　　　　　　　（眼睛 / 眼镜）

(6) 这几张照片上你的眼睛怎么都是____上的？　　　　　（关 / 闭）

(7) 刮风了，____上窗户吧。　　　　　　　　　　　　　（关 / 闭）

(8) 感冒很容易____别的病。　　　　　　　　　　　　　（产生 / 引起）

五、课外练习 Exercises after class

● 描、写汉字 Trace and copy the following Chinese characters

选	9画	先选	选	选	选						
闭	6画	门闭	闭	闭	闭						
虚	11画	卢虚	虚	虚	虚						
删	7画	丿刀刀册删	删	删	删						
寸	3画	一十寸	寸	寸	寸						
碰	13画	石石石碰碰碰	碰	碰	碰						
事	8画	一口写事	事	事	事						
整	16画	束敕整	整	整	整						
镜	16画	钅铲镜镜	镜	镜	镜						
倒	10画	亻倒	倒	倒	倒						
霉	15画	雫霉	霉	霉	霉						
摔	14画	扌扩扩护挨挨摔	摔	摔	摔						
跤	13画	𧾷跤	跤	跤	跤						
掉	11画	扌扩抻掉	掉	掉	掉						
保	9画	亻仍保	保	保	保						
遵	15画	艹芏芐荁酋酋尊尊遵	遵	遵	遵						

守	6画 宀守	守	守	守					
规	8画 二㇒夫规	规	规	规					
则	6画 贝则	则	则	则					
造	10画 告造	造	造	造					
拥	8画 扌拥	拥	拥	拥					
主	5画 丶二三主	主	主	主					
之	3画 ㇀㇏之	之	之	之					
引	4画 弓引	引	引	引					

● 给下列汉字注音并组词

Write down the *pinyin* of the following Chinese characters and make words

选＿＿（　　）　　倍＿＿（　　）　　规＿＿（　　）

洗＿＿（　　）　　陪＿＿（　　）　　现＿＿（　　）

挤＿＿（　　）　　造＿＿（　　）　　闭＿＿（　　）

济＿＿（　　）　　适＿＿（　　）　　闲＿＿（　　）

● 阅读短文 Read the passage

骑车要遵守交通规则

骑自行车或者骑电动车很方便，但是一定要遵守交通规则，注意安全，大家一定要做到：

1. 讲究交通公德，遵守交通法规，自觉服从交通警察的指挥；

2. 各行其道，在没有划分车道的路上，要靠右行驶；

3. 通过路口时要遵守交通信号，停车不越线；

4. 不要逆行，不要双手离把骑行，不能攀扶其他车辆，不应在人行道上行驶；

5. 转弯时要慢，不要抢行猛拐；

6. 骑车不带人，载物不违章；

7. 停车不乱放，在画有停车线的区域内停车要摆放整齐；

8. 车铃、车闸、车锁、牌照要齐全有效。

读后回答问题 Read the passage and answer the following questions

(1) 骑车时应该注意什么？

(2) 你有自行车或者电动车吗？想想你是怎么骑车的。

● 预习（查词典，给下列词语注音，并了解其意思）
Preview (Look up the following words in a dictionary, write down their *pinyin* and learn their meanings)

各　　抽　　挑　　另　　盘　　累　　困　　却
___　___　___　___　___　___　___　___

第十三课 Lesson 13

插　　拔　　图书　　兴奋　　各种各样　　书架　　小说

除了……以外……　　于是　　寒假　　商场　　商品　　熊猫

纸箱　　饭馆（儿）　　电梯　　脸谱　　玩具　　饰物　　肯定

楼梯　　只好　　丝织品　　钥匙　　忽然　　哭笑不得　　售货员

第十四课
Dì-shísì kè

Lesson 14

一、生字 New characters

另	lìng	other, another
各	gè	various, different
奋	fèn	to act vigorously
架	jià	frame
抽	chōu	to take out from in between, to take a part of the whole
挑	tiāo	to choose, to select, to pick out
寒	hán	cold
除	chú	besides, except
于	yú	
脸	liǎn	face
谱	pǔ	register or record for easy reference (in the form of charts, tables, lists, etc.)
饰	shì	ornaments, decorations
丝	sī	silk
钥	yào	key
匙	shi	spoon

链	liàn	chain
具	jù	utensil, tool, implement
熊	xióng	bear
猫	māo	cat
肯	kěn	to be willing to, to be ready to
售	shòu	to sell
货	huò	goods
纸	zhǐ	paper
盘	pán	plate, dish
累	lèi	tired
困	kùn	sleepy
梯	tī	stairs, stairway
维	wéi	to maintain
修	xiū	to repair
忽	hū	suddenly
插	chā	to stick into, to insert
拔	bá	to pull out, to pluck
串	chuàn	string, bunch, cluster

二、字—词（词组）From characters to words (phrases)

兴—奋	兴奋	xīngfèn	excited
书—架	书架	shūjià	bookshelf
除—了	除了	chúle	besides, except

于—是	于是	yúshì	so, hence, thereupon
脸—谱	脸谱	liǎnpǔ	facial makeup in operas
饰—物	饰物	shìwù	ornaments, decorations
丝—织—品	丝织品	sīzhīpǐn	silk fabrics
钥—匙	钥匙	yàoshi	key
钥匙—链	钥匙链	yàoshiliàn	key chain
玩—具	玩具	wánjù	toy
熊—猫	熊猫	xióngmāo	panda
肯—定	肯定	kěndìng	definitely
售—货	售货	shòuhuò	to sell goods
售货—员	售货员	shòuhuòyuán	shop assistant
纸—箱	纸箱	zhǐxiāng	carton
电—梯	电梯	diàntī	lift, elevator
楼—梯	楼梯	lóutī	stairs, stairway
维—修	维修	wéixiū	to maintain and repair
忽—然	忽然	hūrán	suddenly

三、课文 Texts  14-1

大熊猫

大熊猫是中国特有的珍稀

珍稀 zhēnxī
rare and precious

第十四课 Lesson 14

动物。大熊猫有着圆圆的脸、大大的黑眼圈、胖胖的身体,头部和身体的毛色黑白相间。

据调查,到2016年,野生大熊猫共有1800多只,主要生活在中国四川、陕西和甘肃的山区。全世界圈养大熊猫共有470多只。野生大熊猫一般可以活到20岁,圈养的大熊猫,寿命可以超过30岁。

大熊猫生活在海拔2600～3500米的竹林里。那里常年空气稀薄,气温低于20℃。大熊猫不怕寒冷和潮湿,它们更喜欢在潮湿的地方生活。大熊猫以竹子为主要食物,它每天一半的时间在吃东西,一半的时间在睡觉。大熊猫非常灵活,胖胖的身体可以摆出各种各样的姿势,样子十分可爱。一般情况下,大熊猫十分温顺,很少攻击其他动物或人,但是

眼圈 yǎnquān rim of the eye
相间 xiāngjiàn to alternate with
据调查 jù diàochá according to the investigation

野生 yěshēng wild
圈养 juànyǎng to rear livestock in a shed

海拔 hǎibá altitude

稀薄 xībó thin
潮湿 cháoshī damp

灵活 línghuó flexible
摆 bǎi to put, to display
姿势 zīshì posture
温顺 wēnshùn docile, meek
攻击 gōngjī to attack

当它做了妈妈以后,就不是这样了。人们不能动它的小宝贝,那样会让熊猫妈妈十分生气,甚至会张牙舞爪。大熊猫的视觉很差,这是因为它们长期生活在密密的竹林里,光线不好,障碍物又多,所以它们的目光变得十分"短浅"。

大熊猫是中国国宝,它常常作为友好使者,出访其他国家。在各地的动物园里,大熊猫都是最受宠爱的"贵宾"之一。

甚至	shènzhì	even
张牙舞爪	zhāngyá-wǔzhǎo	fierce and quarrelsome
视觉	shìjué	eyesight
光线	guāngxiàn	ray of light
障碍	zhàng'ài	to obstruct
目光	mùguāng	sight, vision
国宝	guóbǎo	national treasure
使者	shǐzhě	emissary
受	shòu	to receive
宠爱	chǒng'ài	most loved

● **读后判断正误**

Read the passage and decide whether the following statements are true (T) or false (F)

(1) 野生大熊猫只生活在中国。　　　　　　　　　　　(　)

(2) 圈养的大熊猫比野生大熊猫活的时间长。　　　　　(　)

(3) 大熊猫喜欢在潮湿的地方生活。　　　　　　　　　(　)

(4) 大熊猫只吃竹子，不吃别的食物。　　　　　（　）

(5) 大熊猫很温顺，从来不攻击人。　　　　　　（　）

(6) 大熊猫不能看到远处的东西。　　　　　　　（　）

● 读后回答问题 Read the passage and answer the following questions

(1) 大熊猫的生活环境什么样？

(2) 大熊猫有怎样的生活习惯？

四、练习 Exercises

● 快速找出与左边相同的词 Quickly find the same words as those on the left

书架：衣架　书架　书桌　房架

电梯：电视　楼梯　电机　电梯

维修：维护　准确　难得　维修

忽然：突然　忽热　忽然　虽然

兴奋：兴办　兴奋　兴会　六畜

● 用下列汉字组词 Make words with the following Chinese characters

兴　书　钥　维　录　于　具　然　箱　高　除　熊　楼　电　脸
是　了　修　玩　奋　架　饰　猫　谱　梯　纸　音　匙　忽　物

- 在下面的空格中填上一个汉字，使其上下、左右各成为一个词（或词组）
  Put a Chinese character in each of the following blanks to make a word/phrase in each direction

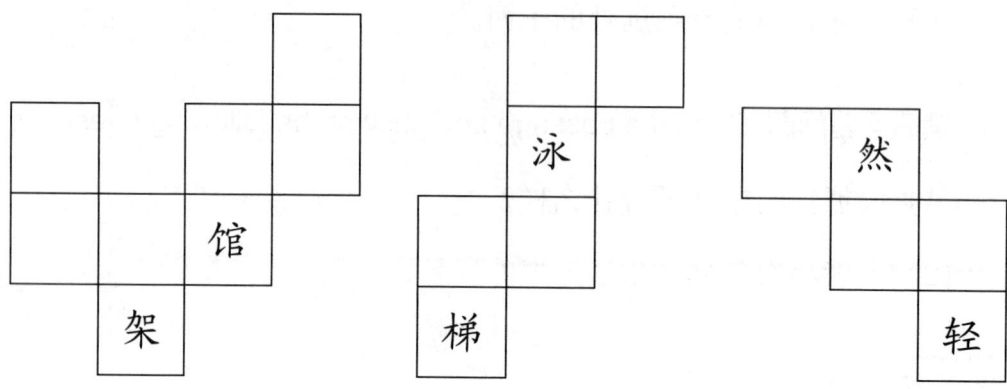

- 选词填空 Choose the words to fill in the blanks

（1）王小姐，认识你很____。　　　　　　　　　　　（兴奋/高兴）

（2）电梯正在维修，咱们走____吧。　　　　　　　　（下来/下去）

（3）弟弟比哥哥小5岁，____弟弟____比哥哥高5厘米。（可是/却）

（4）我太____了，先____了，你们聊吧。　　　　　　（困/睡）

（5）这家大____里有很多卖礼品、玩具、饰物的小____。（商场/商店）

（6）他学习非常努力，____成绩这么好。　　　　　　（于是/所以）

（7）我们学校里有三个学生____，还有一家小____。（食堂/饭馆儿）

（8）钥匙别____在门上，要记得____下来。　　　　　（插/拔）

五、课外练习 Exercises after class

- 描、写汉字 Trace and copy the following Chinese characters

另　5画　乛另　另　另　另

第十四课 Lesson 14

各	6画	ノクタ各	各	各	各
奋	8画	大奋	奋	奋	奋
架	9画	力加架	架	架	架
抽	8画	扌抽	抽	抽	抽
挑	9画	扌挑	挑	挑	挑
寒	12画	宀宀宁宇宙 宯寒寒	寒	寒	寒
除	9画	阝阞阩 除除	除	除	除
于	3画	一二于	于	于	于
脸	11画	月脸	脸	脸	脸
谱	14画	讠诤谱	谱	谱	谱
饰	8画	饣饣饣饰	饰	饰	饰
丝	5画	幺幺纟丝丝	丝	丝	丝
钥	9画	钅钥	钥	钥	钥
匙	11画	是是匙	匙	匙	匙
链	12画	钅铧链	链	链	链
具	8画	丨冂冂月 目且具	具	具	具
熊	14画	厶台台能 能能熊	熊	熊	熊
猫	11画	犭犾猫	猫	猫	猫

肯	8画	⺊⺊⺊肯	肯	肯	肯				
售	11画	隹售	售	售	售				
货	8画	化货	货	货	货				
纸	7画	纟纤纸	纸	纸	纸				
盘	11画	舟盘	盘	盘	盘				
累	11画	田黑累	累	累	累				
困	7画	冂困困	困	困	困				
梯	11画	木木'木"杧梯梯	梯	梯	梯				
维	11画	纟维	维	维	维				
修	9画	亻攸修	修	修	修				
忽	8画	勹勿忽	忽	忽	忽				
插	12画	扌扞扞扞插插插	插	插	插				
拔	8画	扌拔拔	拔	拔	拔				
串	7画	口吕串	串	串	串				

● 给下列汉字注音并组词

Write down the *pinyin* of the following Chinese characters and make words

架___(   )　　挑___(   )　　困___(   )

驾___(   )　　桃___(   )　　团___(   )

第十四课 Lesson 14

拔___(　　)　　维___(　　)　　抽___(　　)

拨___(　　)　　推___(　　)　　押___(　　)

● 阅读短文 Read the passage

钥匙链

我有一个爱好——收集钥匙链,现在已经收集了300多个了。有金属的,有塑料的,有皮的,有瓷的;有硬的,有软的;有动物图案的,有植物图案的;有音乐的,有能说话的;有我们国家的,也有不少别的国家的;有朋友送的,也有我自己买的。这些钥匙链中我最喜欢的是米老鼠的,一共有30多个,图案不同,用的材料也不一样,而且不是一个国家生产的。

我喜欢旅行。每到一个地方,除了参观游览那儿的名胜古迹和旅游景点以外,我一定还要逛逛卖纪念品的商店,就是为了买钥匙链。我记得在欧洲的一个小城市,钥匙链可以现做。游客把自己喜欢的照片交给制作者,他把照片放进一个小机器里,一两分钟以后一个带有游客照片的钥匙链就做好了。我给了他两张照片,一张是我的头像,另一张是我和制作者当时照的合影。一会儿,两个钥匙链就做好了。我觉得这两个钥匙链很有意思。

我给钥匙链都分了类,植物类、动物类、人物类、交通工具类、器物类，等等。我还要收集更多的钥匙链，也许有一天，我可以办一个小的钥匙链展览呢。

读后判断正误

Read the passage and decide whether the following statements are true (T) or false (F)

(1)"我"已经收集300多个钥匙链了。　　　　　　　　(　　)

(2)"我"收集的钥匙链不都是我们国家的。　　　　　　(　　)

(3)"我"收集的钥匙链都是买的。　　　　　　　　　　(　　)

(4)每次旅游时，"我"都要去纪念品商店逛逛。　　　　(　　)

(5)有一个钥匙链里有"我"的照片。　　　　　　　　　(　　)

● **预习（查词典，给下列词语注音，并了解其意思）**

Preview (Look up the following words in a dictionary, write down their *pinyin* and learn their meanings)

戴　　副　　穿　　扛　　墙　　挂　　摆　　帅

系　　停　　会议厅　　服务员　　个子　　左右　　西服

裙子　　主持人　　小伙子　　摄像机　　麦克风　　讲话　　婚礼

热闹　　灯笼　　新娘　　新郎　　棉袄　　领带　　热情　　客人

气氛

第十五课
Dì-shíwǔ kè

Lesson 15

一、生字 New characters

务	wù	affair, business
戴	dài	to wear/put on (accessories)
副	fù	pair
穿	chuān	to wear/put on (clothes, shoes, socks, etc.)
裙	qún	skirt
伙	huǒ	companion, group
扛	káng	to carry (on one's shoulder)
摄	shè	to take a photograph of, to shoot
议	yì	to discuss
麦	mài	microphone
克	kè	
讲	jiǎng	to speak, to talk
闹	nào	to make a noise; noisy
挂	guà	to hang
笼	lóng	cage
墙	qiáng	wall

摆	bǎi	to put, to display
娘	niáng	mother, young woman
郎	láng	man
棉	mián	cotton
袄	ǎo	lined Chinese-style coat or jacket
帅	shuài	handsome
系	jì	to tie
领	lǐng	neck
氛	fēn	atmosphere

二、字—词（词组）From characters to words (phrases)

服—务	服务	fúwù	to serve
服务—员	服务员	fúwùyuán	waiter/waitress, service staff
裙—子	裙子	qúnzi	skirt
摄—像	摄像	shèxiàng	to make a video recording
摄像—机	摄像机	shèxiàngjī	video camera
会—议	会议	huìyì	conference
会议—厅	会议厅	huìyìtīng	conference hall, assembly hall
议—会	议会	yìhuì	parliament
讲—话	讲话	jiǎng huà	to speak, to talk

热—闹	热闹	rènao	lively, bustling
灯—笼	灯笼	dēnglong	lantern
新—娘	新娘	xīnniáng	bride
新—郎	新郎	xīnláng	bridegroom
棉—袄	棉袄	mián'ǎo	cotton-padded jacket
领—带	领带	lǐngdài	necktie
气—氛	气氛	qìfēn	atmosphere, ambience

三、课文 Texts  15-1

婚礼

最近，我参加了一个中国朋友的婚礼。这个婚礼办得很有意义。

意义 yìyì
significance, meaning

新娘和新郎是大学同学，恋爱已经五年了。新郎现在在一家中外合资公司工作。新娘是我的老师，上课时她是我和同学们的老师，下课以后她是我们的朋友，而且是很好的朋友。

恋爱 liàn'ài
to be in love

合资 hézī
joint venture

听说老师要结婚，我们班

听说 tīngshuō
to be told, to hear of

的同学都想参加她的婚礼。我们还从来没参加过中国人的婚礼呢。我们问老师:"我们可以参加吗?"老师说:"当然可以了!"老师又说,他们的婚礼跟别人不一样,我们问怎么不一样,老师不说。她只说到时候我们就知道了。

婚礼那天,我们来到老师家。这天客人很多,大部分是老师的同学和同事。我们问老师:"婚礼在哪儿举行?"老师说:"咱们现在就出发。"老师和新郎带着参加婚礼的人来到一个公园。这个公园不小,里面有很多树,还有很多花儿。老师对大家说:"朋友们,我们的婚礼现在开始。大家知道,今天对我们来说是一个很有意义的日子。为了让我们和大家都记住这个日子,我请大家跟我们一起来种树。"大家听了,都

同事　tóngshì
colleague

种　zhòng
to plant

很高兴，觉得这个婚礼又新颖又有意义。十几棵树很快就种好了。这时候，有人拿来一些小纸牌儿，我们在牌儿上写上"祝老师新婚快乐！"，下面写上了我们的名字。写好后就挂在我们种的那棵树上。然后，我们跟老师一起照了相。

　　种完树我们又回到老师家，老师请我们吃喜糖、吃蛋糕。我们一边吃一边聊。大家都觉得这个婚礼真的很有意义。

新颖　xīnyǐng
novel, original

牌儿　páir
plate, tablet

● 读后判断正误

Read the passage and decide whether the following statements are true (T) or false (F)

(1) 老师的婚礼办得很有意义。　　　　　　　　　　　（　）

(2) 学生们以前没参加过中国人的婚礼。　　　　　　　（　）

(3) 老师说他们的婚礼跟别人不一样，她告诉学生们怎么不一样了。

　　　　　　　　　　　　　　　　　　　　　　　　（　）

(4) 参加婚礼的人都是老师的同事和以前的同学。　　　（　）

(5) 老师的婚礼是在一个公园举办的。　　　　　　　　（　）

(6) 大家种树，是为了纪念他们的结婚日。　　　　　　（　）

● 读后回答问题 Read the passage and answer the following questions

（1）学生们为什么要参加老师的婚礼？

（2）婚礼为什么在公园举办？

（3）你觉得这个婚礼怎么样？

四、练习 Exercises

● 快速找出与左边相同的词 Quickly find the same words as those on the left

热闹：热门　热爱　热带　热闹

气氛：气象　氧气　气氛　气体

会议：会谈　会议　议会　含义

讲话：说话　谈话　讲演　讲话

领带：领导　领带　宽带　带领

● 用下列汉字组词 Make words with the following Chinese characters

会　婚　讲　气　裙　领　堂　郎　热　娘　西　客

务　子　话　新　闹　服　氛　礼　情　人　议　带

_____

_____

● 在下面的空格中填上一个汉字，使其上下、左右各成为一个词（词组）
Put a Chinese character in each of the following blanks to make a word/phrase in each direction

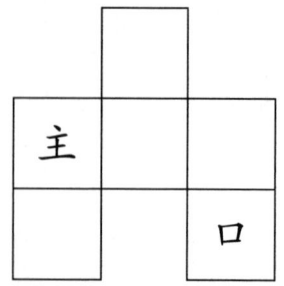 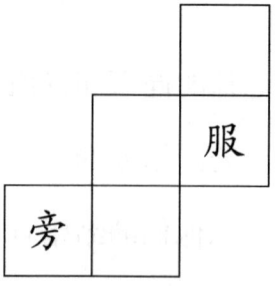 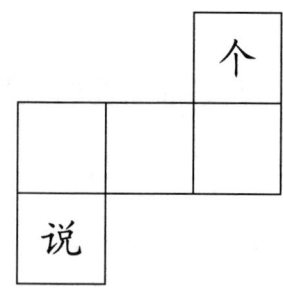

第十五课 Lesson 15

○ 选词填空 Choose the words to fill in the blanks

(1) 很多商店门口都____着牌子，上面写着商店的营业时间。

（贴 / 挂）

(2) 他今天____了一件浅色衬衫，____了一条深色领带。 （系 / 穿）

(3) 你的自行车____在哪儿了？ （放 / 摆）

(4) 你这____眼镜在哪儿买的？ （副 / 双）

(5) 昨天的晚会真____，来了那么多人，大家又唱又跳。

（热闹 / 好看）

(6) 我觉得那个运动员有一米八____。 （差不多 / 左右）

(7) 明天的会议你要____，准备好了吗？ （讲话 / 说话）

(8) 这里的人们非常____。 （热情 / 暖和）

五、课外练习 Exercises after class

○ 描、写汉字 Trace and copy the following Chinese characters

务	5画	夂务	务	务	务			
戴	17画	十土直壴 戴戴戴	戴	戴	戴			
副	11画	畐副	副	副	副			
穿	9画	穴穿	穿	穿	穿			
裙	12画	衤衤衤 衤衤裙	裙	裙	裙			
伙	6画	亻伙	伙	伙	伙			
扛	6画	扛	扛	扛	扛			

摄	13画	扌押摄	摄	摄	摄					
议	5画	讠议议	议	议	议					
麦	7画	一二主丰 麦麦	麦	麦	麦					
克	7画	十古克	克	克	克					
讲	6画	讠讲	讲	讲	讲					
闹	8画	门门闩闩 闹闹	闹	闹	闹					
挂	9画	扌挂挂	挂	挂	挂					
笼	11画	竹竹笙笙 笼笼	笼	笼	笼					
墙	14画	土圹圹坯 坯墙	墙	墙	墙					
摆	13画	扌押摆	摆	摆	摆					
娘	10画	女女女女 娘娘娘	娘	娘	娘					
郎	8画	亠亠亠自良 郎	郎	郎	郎					
棉	12画	木柏棉	棉	棉	棉					
袄	9画	衤衤袄	袄	袄	袄					
帅	5画	丨帅	帅	帅	帅					
系	7画	一ノ玄玄系	系	系	系					
领	11画	丿亽今令领	领	领	领					
氛	8画	气氛	氛	氛	氛					

第十五课 Lesson 15

● 给下列汉字注音并组词

Write down the *pinyin* of the following Chinese characters and make words

挂____(　　) 　穿____(　　) 　郎____(　　)
佳____(　　) 　寄____(　　) 　朗____(　　)

议____(　　) 　扛____(　　) 　帅____(　　)
仪____(　　) 　杠____(　　) 　师____(　　)

副____(　　)
幅____(　　)

● 阅读短文 Read the passage

"礼帽"与"礼貌"

王丽是一家商店的年轻售货员。她工作很负责，对顾客很热情，很有礼貌。

一天，来了一位老先生。王丽热情地对老先生说："欢迎您，老先生。请问您要买什么？"老先生告诉她，他要买一顶帽子。王丽说："我们这里有各种各样的帽子。您看，都在这儿挂着呢。不知道您要什么样子的。是您自己戴，还是给别人买？"老先生说："我自己戴。我想要一顶礼帽。""老先生，真对不起，我们这里没有礼帽。"王丽说，"这样吧，请您留下您的地址、姓名、电话号码，还有您要的礼帽的颜色和大小。我到别的商店去看看，等买到了，我打电话告诉您，然后再给您送去。您看好吗？""不用了，不用了。谢谢你，小姐。我已经买到了。""买到了？那您……""啊，小姐，我没买到'礼帽'，可是却买到了'礼貌'。谢谢你。"

读后回答问题 Read the passage and answer the following questions

（1）王丽是做什么工作的？她工作怎么样？

（2）老先生来买什么？他买到了吗？

（3）你觉得王丽是一个怎样的售货员？

● 预习（查词典，给下列词语注音，并了解其意思）
Preview (Look up the following words in a dictionary, write down their *pinyin* and learn their meanings)

空（车）　棵　枣　尝　甜　盖（楼）　搬

越来越　四合院（儿）　院子　住宅　小区　遗憾

舍不得　离开　现代化　圣诞节　新年　春节　随便

感想　体会　意见　建议　出门　人们　丰富　打扮

装饰　礼物　欢乐　节日

第十六课
Dì-shíliù kè

Lesson 16

一、生字 New characters

空	kōng	vacant, unoccupied
棵	kē	*a measure word for plants, etc.*
枣	zǎo	*jujube, (Chinese) date*
尝	cháng	to taste
盖	gài	to construct, to build
搬	bān	to move
越	yuè	*used in reduplicated form to express the deepening of degree*
宅	zhái	residence, house
遗	yí	to leave over
憾	hàn	disappointment, regret
圣	shèng	saint
诞	dàn	birth
随	suí	to let (sb. do as he likes)
丰	fēng	plentiful
富	fù	rich

· 141 ·

扮	bàn	to dress up, to make up
装	zhuāng	to decorate
联	lián	to unite

二、字—词（词组）From characters to words (phrases)

越—越	越…越…	yuè…yuè…	the more... the more...
越—来—越	越来越…	yuèláiyuè…	more and more
住—宅	住宅	zhùzhái	residence, dwelling
遗—憾	遗憾	yíhàn	sorry, regretful
圣—诞	圣诞	Shèngdàn	Christmas
圣诞—节	圣诞节	Shèngdàn Jié	Christmas, Christmas Day
随—便	随便	suíbiàn	casual, informal
丰—富	丰富	fēngfù	rich, plentiful
打—扮	打扮	dǎban	to dress up, to make up
装—饰	装饰	zhuāngshì	to decorate; decoration
联—欢	联欢	liánhuān	to have a get-together
联欢—会	联欢会	liánhuānhuì	get-together, party

第十六课 Lesson 16

三、课文 Texts  16-1

北京的四合院

四合院是老北京的主要建筑形式。

四合院是由东、南、西、北四面房子围起来形成的院落住宅。它是封闭的,对外只有一个大门,非常适合一家人居住。四合院里四周的房屋各自独立,房子的门都向院内开。四合院中,北面的房子最好,叫作正房,是家中的长辈居住的地方。东西两边的房子比北房差一些,是晚辈们居住的地方。

四合院大小不一样,有的相差很大。由四面房子围起一个院子是四合院的一个单元,有的四合院有四个或者五个这样的单元,多的还有九个单元的大四合院。

形成 xíngchéng
　to form

封闭 fēngbì
　closed

独立 dúlì
　to be independent

叫作 jiàozuò
　to be called

正房 zhèngfáng
　principal room

长辈 zhǎngbèi
　elder, senior member of a family

晚辈 wǎnbèi
　younger generation

单元 dānyuán　unit

北京的四合院很讲究绿化。院内的空地上常常种树，种花，种草。一般在正房前左右两边各种两棵树，比如海棠树、石榴树、枣树等。春天这些树会开出漂亮的花儿，夏天人们可以在树下乘凉，秋天树上结出很多水果。四合院中花草很多，有的大四合院还另有花园。每年春、夏、秋三季，园中的鲜花五颜六色，十分漂亮。

北京的四合院已经有几百年的历史了，它留给人们的不只是一座座建筑，而且还是宝贵的文化遗产。

讲究　jiǎngjiu
to stress, to pay attention to

绿化　lǜhuà
to green, to afforest

海棠　hǎitáng
Chinese flowering crabapple

石榴　shíliu
pomegranate

乘凉　chéng liáng
to relax in a cool place

结　jiē
to bear (fruits)

● **读后判断正误**

Read the passage and decide whether the following statements are true (T) or false (F)

(1) 四合院里四面都有房子。　　　　　　　　　　　　　（　）

(2) 四合院中北面的房子是正房。　　　　　　　　　　　（　）

(3) 四合院都是一样的。　　　　　　　　　　　　　　　（　）

第十六课 Lesson 16

(4) 四合院内一般都种树，种花，种草。　　　　（　）

(5) 四合院里都有花园。　　　　　　　　　　　（　）

● 读后回答问题 Read the passage and answer the following questions

(1) 你了解北京的四合院吗？它是一种什么样的建筑？

(2) 你觉得四合院这种建筑怎么样？为什么？

四、练习 Exercises

● 快速找出与左边相同的词 Quickly find the same words as those on the left

住宅：住家　住房　住处　住宅

随便：随时　随便　顺便　即使

装饰：服饰　装修　装饰　服装

节日：节目　生日　书目　节日

● 用下列汉字组词 Make words with the following Chinese characters

打　随　装　欢　和　住　遗　丰　客　意　医　四　建　合

憾　做　院　便　气　厅　议　乐　扮　饰　宅　见　富　适

_____

_____

● 在下面的空格中填上一个汉字，使其上下、左右各成为一个词（词组）

Put a Chinese character in each of the following blanks to make a word/phrase in each direction

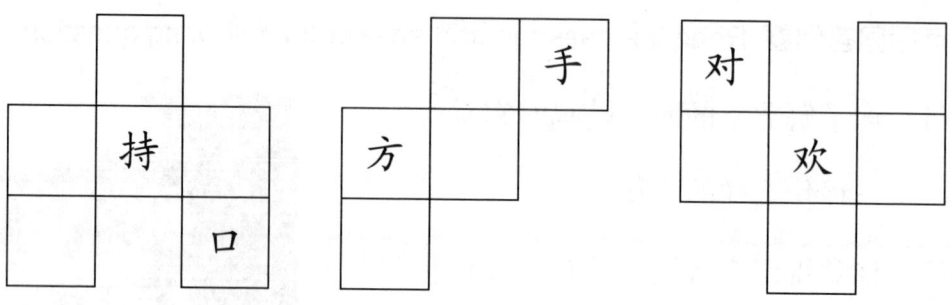

● 选词填空 Choose the words to fill in the blanks

(1) 我没____家，还住在老地方。　　　　　　　　　　（动 / 搬）

(2) ____了生活多年的故乡，真舍不得。　　　　　　（离开 / 出门）

(3) 你____我做的这个菜怎么样。　　　　　　　　　（尝尝 / 吃吃）

(4) 新年快到了，很多商店都____得很漂亮。　　　　（打扮 / 装饰）

(5) 年轻人爱____，特别是年轻姑娘。　　　　　　　（打扮 / 装饰）

(6) 大家都是老朋友了，____聊聊。　　　　　　　　（方便 / 随便）

(7) 这____树有二百年的历史了。　　　　　　　　　（个 / 棵）

(8) ____是中国农历____，是中国最大的传统（chuántǒng, traditional）节日。　　　　　　　　　　　　　　　　　　　　（新年 / 春节）

五、课外练习 Exercises after class

● 描、写汉字 Trace and copy the following Chinese characters

| 空 | 8画 穴空 | 空 | 空 | 空 | | | | | |

第十六课 Lesson 16

棵	12画	木棵	棵	棵	棵						
枣	8画	一丆市市束束枣	枣	枣	枣						
尝	9画	𭕄尝	尝	尝	尝						
盖	11画	䒑羊盖	盖	盖	盖						
搬	13画	扌搬	搬	搬	搬						
越	12画	走走赸越越越	越	越	越						
宅	6画	宀宁宅宅	宅	宅	宅						
遗	12画	贵遗	遗	遗	遗						
憾	16画	忄憾	憾	憾	憾						
圣	5画	又圣	圣	圣	圣						
诞	8画	讠讠讠讠证诞	诞	诞	诞						
随	11画	阝有随	随	随	随						
丰	4画	一二三丰	丰	丰	丰						
富	12画	宀富	富	富	富						
扮	7画	扌扮	扮	扮	扮						
装	12画	丬壮装	装	装	装						
联	12画	耳联	联	联	联						

● 给下列汉字注音并组词

Write down the *pinyin* of the following Chinese characters and make words

扮＿＿（　　）　　装＿＿（　　）　　棵＿＿（　　）
拐＿＿（　　）　　袋＿＿（　　）　　课＿＿（　　）

丰＿＿（　　）　　憾＿＿（　　）　　越＿＿（　　）
牛＿＿（　　）　　撼＿＿（　　）　　趣＿＿（　　）

● 阅读短文 Read the passage

北京的胡同

"胡同"这个词从中国古代的元朝开始就在北京使用了。语言学家研究发现,"胡同"一词是汉语吸收了蒙古语"水井"的发音形成的。古时候北京缺水,在水井周围住着好多人家。人们在盖房时会留出道路,住的人越多,道路就越长,胡同就这样慢慢形成了。

胡同是北京特有的,大多数在紫禁城(Zǐjìnchéng, the Forbidden City)周围。北京有多少条胡同？据统计,1944年北京有3200多条胡同。70多年来,北京发生了巨大的变化,特别是最近30多年,高楼大厦越盖越多,胡同越来越少。目前,在北京被叫作胡同的街大约只有1000条了,而且这个数字还在减少。

胡同是北京历史文化的重要组成部分。那一

第十六课 Lesson 16

条条胡同、一座座四合院、一个个门墩（méndūn, wooden or stone block that supports the pivot of a door）、一棵棵古树，都能讲出一个个故事来。近些年，北京开办了"胡同游"，向人们展现老北京的历史。专家们说："保护胡同和四合院，就是保护北京城的完整。"

读后回答问题 Read the passage and answer the following questions

(1) 胡同是怎样形成的？

(2) 70多年来，北京的胡同减少了2000多条，这说明了什么？

(3) 为什么说胡同是北京历史文化的重要组成部分？

(4) 你去过北京的胡同吗？你想去吗？为什么？

● 预习（查词典，给下列词语注音，并了解其意思）
Preview (Look up the following words in a dictionary, write down their *pinyin* and learn their meanings)

把　　它　　擦　　幅　　福　　倒　　品尝　　特色

布置　会场　管理员　告诉　答应　桌子　圆圈（儿）

黑板　音响　彩灯　彩带　惊喜　水仙　对联（儿）

新春　吉祥　行业　兴旺　可不是　仔细　声音　椅子

沙发　冰箱　洗衣机　空调

149

第十七课
Dì-shíqī kè

Lesson 17

一、生字 New characters

把	bǎ	used when the object is placed before the verb and is the recipient of the action
它	tā	it
布	bù	to fix up, to arrange, to decorate
置	zhì	to set up
管	guǎn	to manage
告	gào	to tell
诉	sù	to tell, to inform
应	yìng	to answer
扫	sǎo	to sweep
窗	chuāng	window
擦	cā	to wipe, to rub
桌	zhuō	table
圆	yuán	round
圈	quān	circle
彩	cǎi	color

第十七课 Lesson 17

份	fèn	share, portion, part
幅	fú	*a measure word for paintings, calligraphy works, etc.*
仙	xiān	celestial being, immortal
吉	jí	auspicious
祥	xiáng	auspicious
仔	zǐ	
旺	wàng	prosperous
幸	xìng	happiness, good fortune
椅	yǐ	chair
沙	shā	

二、字—词（词组）From characters to words (phrases)

布—置	布置	bùzhì	to fix up, to arrange, to decorate
管—理	管理	guǎnlǐ	to manage
管理—员	管理员	guǎnlǐyuán	administrator
告—诉	告诉	gàosu	to tell, to inform, to let know
答—应	答应	dāying	to agree, to promise, to respond
窗—户	窗户	chuānghu	window
打—扫	打扫	dǎsǎo	to sweep, to clean
桌—子	桌子	zhuōzi	table, desk

圆—圈（儿）	圆圈儿	yuánquānr	circle, ring
彩—灯	彩灯	cǎidēng	colored light/lamp
彩—带	彩带	cǎidài	colored ribbon/streamer
水—仙	水仙	shuǐxiān	narcissus
吉—祥	吉祥	jíxiáng	auspicious
仔—细	仔细	zǐxì	careful, attentive
椅—子	椅子	yǐzi	chair
幸—福	幸福	xìngfú	happiness; circumstances and life that make one happy
沙—发	沙发	shāfā	sofa

三、课文 Texts  17-1

布置房间

这个周末，我们班的同学要在我的房间举行一个晚会。我得把我的房间好好儿布置一下。

我住在学校的学生宿舍里。房间不太大，有十四五平米。房间不大，东西可不少，有衣柜、床、写字台、书架，还有电视、音响、电脑。平时，我不太注意收拾，所以房间里有

收拾　shōushi
to put in order

第十七课 Lesson 17

点儿乱。书架上有书，写字台上有书，床上也有书。真得好好儿收拾收拾了，我得给同学们留个好印象。

怎么收拾呢？我想先把家具重新摆一下。把写字台放到窗户前边，床放在写字台左边，书架放在写字台右边。把衣柜放在门后边。再买一小块地毯，铺在地上。另外，我还要买一个电视柜，上面放电视，下面放音响。电脑还放在写字台上，那样，用的时候很方便。我喜欢中国书法，所以我想买一幅字挂在墙上。上次我去老师家的时候，看到老师家的墙上就有一幅很漂亮的字。我想，这样一布置我的房间一定会又整齐又干净。周末同学们来的时候，一定会夸奖我的房间布置得不错。

印象 yìnxiàng
impression

重新 chóngxīn
again, afresh

地毯 dìtǎn
carpet

铺 pū
to spread

另外 lìngwài
in addition, besides

字 zì
form of a written or printed character, style of handwriting, calligraphy

● 读后判断正误

Read the passage and decide whether the following statements are true (T) or false (F)

(1) 周末"我"要布置房间。　　　　　　　　　　　（　）

(2) "我"的房间里东西很多。　　　　　　　　　　（　）

(3) "我"的房间有点儿乱,所以"我"不想收拾。　　（　）

(4) "我"的电脑以前不在写字台上。　　　　　　　（　）

(5) "我"喜欢书法,所以"我"的房间墙上挂着一幅字。（　）

(6) 同学们都夸奖"我"的房间布置得很好。　　　　（　）

● 读后回答问题　Read the passage and answer the following questions

(1) "我"为什么要布置房间?

(2) "我"想怎么收拾房间?

四、练习 Exercises

● 快速找出与左边相同的词　Quickly find the same words as those on the left

打扫：打扮　打听　打扰　打扫

布置：安置　布景　布置　放置

宾馆：饭馆　宾馆　旅馆　宾客

答应：答案　答复　答卷　答应

幸福：幸福　辛苦　幸运　享福

第十七课 Lesson 17

● **用下列汉字组词** Make words with the following Chinese characters

布　告　幸　对　管　打　水　仔　吉　手　圆　沙　宾　认　应
细　馆　发　识　仙　圈　亲　扫　联　置　答　福　诉　理　祥

_____

_____

● **在下面的空格中填上一个汉字，使其上下、左右各成为一个词（词组）**
Put a Chinese character in each of the following blanks to make a word/phrase in each direction

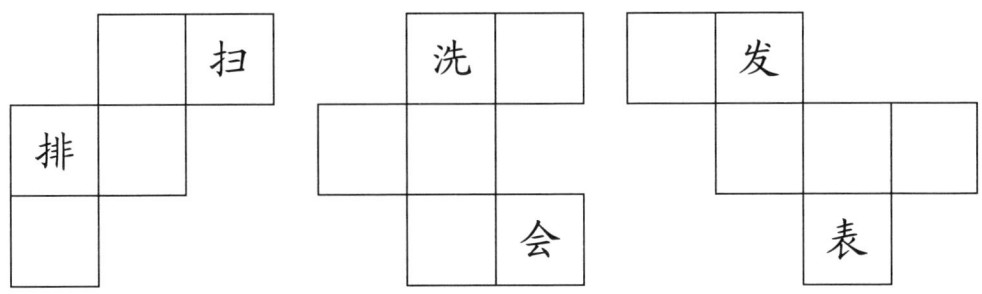

● **选词填空** Choose the words to fill in the blanks

(1) 这____画儿上有一个大大的____字。　　　　　　　　（幅／福）

(2) 今天我要好好儿____一下房间。　　　　　　　　　　（安排／布置）

(3) 春节时，很多人家都在门两边____对联。　　　　　　（放／贴）

(4) 我____父母放假时回去看他们。　　　　　　　　　　（答应／答）

(5) 你们的房间____干净了没有？　　　　　　　　　　　（打扫／擦）

(6) 婚礼上，来宾们祝新娘、新郎生活____。　　　　　　（吉祥／幸福）

(7) 这是一家有名的____，在这儿可以吃到很有特色的川菜。

（宾馆／饭店）

(8) 这个人我____，但是我不____他叫什么名字。　　　　（认识／知道）

五、课外练习 Exercises after class

● 描、写汉字 Trace and copy the following Chinese characters

把	7画	扌把	把	把	把					
它	5画	宀宁它	它	它	它					
布	5画	一ナ布	布	布	布					
置	13画	罒置	置	置	置					
管	14画	𥫗管	管	管	管					
告	7画	牛告	告	告	告					
诉	7画	讠诉	诉	诉	诉					
应	7画	广广应应	应	应	应					
扫	6画	扌扫	扫	扫	扫					
窗	12画	宀宀窏窏窗窗	窗	窗	窗					
擦	17画	扌扩扩护护擦	擦	擦	擦					
桌	10画	卜占桌	桌	桌	桌					
圆	10画	冂圆圆	圆	圆	圆					
圈	11画	冂门冈冈圈圈	圈	圈	圈					
彩	11画	𭤐采彩	彩	彩	彩					

第十七课 Lesson 17

份	6画 亻份	份	份	份					
幅	12画 巾 帄 幅	幅	幅	幅					
仙	5画 亻仙	仙	仙	仙					
吉	6画 士 吉	吉	吉	吉					
祥	10画 礻 祥	祥	祥	祥					
仔	5画 亻仔	仔	仔	仔					
旺	8画 日 旺	旺	旺	旺					
幸	8画 土 耂 幸 幸	幸	幸	幸					
椅	12画 木 椅	椅	椅	椅					
沙	7画 氵沙	沙	沙	沙					

● **给下列汉字注音并组词**

Write down the *pinyin* of the following Chinese characters and make words

吉＿＿（　　） 圆＿＿（　　） 祥＿＿（　　）

古＿＿（　　） 园＿＿（　　） 样＿＿（　　）

管＿＿（　　） 它＿＿（　　） 诉＿＿（　　）

营＿＿（　　） 宅＿＿（　　） 拆＿＿（　　）

辛___（   ）　　识___（   ）

辛___（   ）　　织___（   ）

● 阅读短文 Read the passage

对联

　　对联是一种文学形式，它在中国有上千年的历史了。直到今天，在春节时，在结婚时，或在商店、饭馆儿开张时，人们还贴对联表示喜庆。对联分为上联和下联，其特点是对称。上联和下联在字音、字数、字义、内容等方面都要求对称。从对联所用的词语上看，基本上是名词对名词，动词对动词，形容词对形容词。从对联的字数上看，最少的只有两个字，最多的据说是一副上联、下联各二百字，全联共四百字的对联。从对联的内容上看，有写美丽景色的，有记录历史事件的，有抒发作者情感的，也有讽刺不良社会现象的。这里介绍一些对联给大家欣赏。

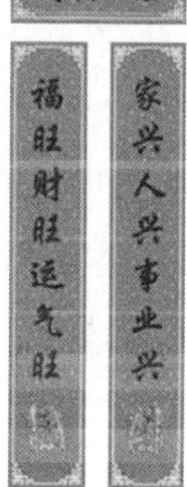

一元复始
万象更新

书山有路勤为径
学海无涯苦作舟

第十七课 Lesson 17

松、竹、梅岁寒三友
桃、李、杏春风一家

八百里湖山，知是何人图画
十万家灯火，尽归此处亭台

● 预习（查词典，给下列词语注音，并了解其意思）
Preview (Look up the following words in a dictionary, write down their *pinyin* and learn their meanings)

装　　掏　　暗　　扳　　凉　　洒　　办理　　登机

___　___　___　___　___　___　___　___

手续　行李　托运　机票　登机牌（儿）　硬币　开关

___　___　___　___　___　___　___

扶手　空姐　起飞　安全带　卡子　插头　杯子

___　___　___　___　___　___　___

第十八课
Dì-shíbā kè

Lesson 18

一、生字 New characters

登	dēng	to ascend
续	xù	
李	lǐ	
票	piào	ticket
牌	pái	card
掏	tāo	to draw out, to pull out, to fish out
硬	yìng	hard, stiff
暗	àn	dim, dark
扶	fú	to support oneself or sb. else with the hand
卡	qiǎ	clip
扳	bān	to change the direction of a fixed object, to turn
洒	sǎ	to spill, to sprinkle

二、字—词（词组）From characters to words (phrases)

登—机　　登机　　dēng jī　to board a plane
登机—牌（儿）登机牌（儿）dēngjīpái(r)　boarding pass

第十八课 Lesson 18

手—续	手续	shǒuxù	procedure, formalities
行—李	行李	xíngli	baggage, luggage
机—票	机票	jīpiào	air ticket
硬—币	硬币	yìngbì	coin
扶—手	扶手	fúshǒu	armrest
卡—子	卡子	qiǎzi	clip

三、课文 Texts

北京首都国际机场

北京首都国际机场位于北京市的东北郊，距市中心 20 多公里，现共有三座航站楼——T1、T2 和 T3。其中 T3 航站楼于 2004 年开始建设，2008 年 2 月 29 日开始使用。T3 航站楼南北长 2900 米，宽 790 米，高 45 米，总建筑面积 98.6 万平方米，是目前世界上最大的单体航站楼。

T3 航站楼分 T3C、T3D 和 T3E 三个区。其中 T3C 区用于国内、国际及中国香港、澳门、台湾地区乘机手续办理，国内出发及国内、国

位于 wèiyú to be located (at/in)
郊 jiāo suburb
航站楼 hángzhànlóu terminal (of an airport)

单体 dāntǐ all-in-one

际行李提取；T3E 区用于国际及中国香港、澳门等地区的出发和到达；而 T3D 区用于国际包机服务。

在 T3 航站楼办理乘机手续非常方便。需要办理海关申报手续的乘客可先到 T3C 四层大厅海关申报柜台办理，然后去各航空公司的柜台办理行李托运手续。不需要办理海关申报手续的乘客，可以直接去各航空公司的柜台办理登机手续。

T3 航站楼的行李处理采用了世界上最先进的技术，乘客的行李从飞机到行李提取处，国内航班的平均时间为 10 分钟，国际航班的平均时间为 20 分钟，大大减少了乘客等候提取行李的时间。

T3 航站楼还为乘客提供十分方便的商业服务。这里有银行、外币兑换处、宾馆服务处、商务中心、免税品商店，还有中西正餐、快餐、咖啡厅、茶馆儿等，可以满足不同国家、不同地区乘客的多种需求。

包机　bāojī
chartered plane

海关　hǎiguān
customs

申报　shēnbào
to declare; declaration

柜台　guìtái
counter

直接　zhíjiē
directly

处理　chǔlǐ
to handle

采用　cǎiyòng
to adopt

先进　xiānjìn
advanced

等候　děnghòu
to wait

免税　miǎn shuì
duty-free

满足　mǎnzú
to satisfy

第十八课 Lesson 18

北京首都国际机场已成为世界最大机场之一。

● 读后判断正误
Read the passage and decide whether the following statements are true (T) or false (F)

(1) 从市中心到首都国际机场有 20 多公里。　　　　（　）

(2) 北京首都国际机场共有 3 个航站楼。　　　　　（　）

(3) 办理乘机手续应该在 T3C 区。　　　　　　　　（　）

(4) 国内航班从 T3E 区出发。　　　　　　　　　　（　）

(5) 所有乘客都可以直接去各航空公司的柜台办理登机手续。

　　　　　　　　　　　　　　　　　　　　　　（　）

(6) 乘客可以在 T3 航站楼换钱、吃饭、购物，还可以在那儿订宾馆。

　　　　　　　　　　　　　　　　　　　　　　（　）

● 读后回答问题 Read the passage and answer the following questions

北京首都国际机场是一座什么样的机场？

四、练习 Exercises

● 快速找出与左边相同的词 Quickly find the same words as those on the left

行李：行车　行人　行军　行李

手续：手指　连续　手续　手表

起飞：起床　起义　起飞　起来

安全：完全　安定　齐全　安全
办理：助理　办理　代理　办事
开关：开发　开水　开关　无关

● **用下列汉字组词** Make words with the following Chinese characters

硬　手　机　行　托　登　通　头　外　发　国　展　经　安　办
过　运　插　扶　全　票　理　带　开　法　李　关　续　币　牌

_____

_____

● **在下面的空格中填上一个汉字，使其上下、左右各成为一个词（词组）**
Put a Chinese character in each of the following blanks to make a word/phrase in each direction

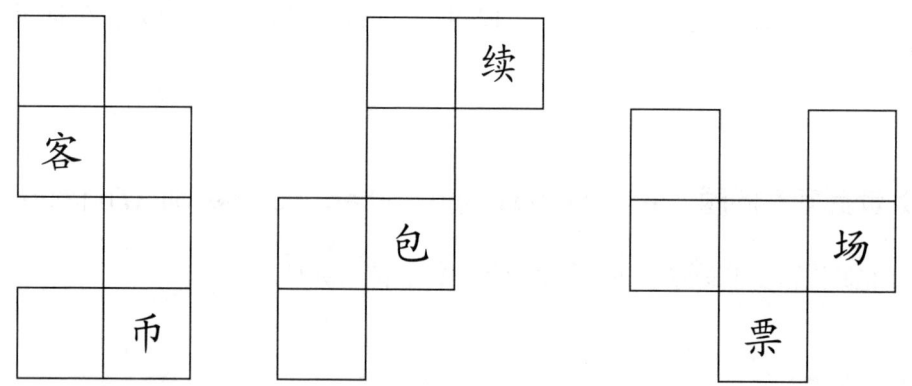

● **选词填空** Choose the words to fill in the blanks

(1) 照相机的电池我____在包里了，你拿出来____上吧。　　（放 / 装）

(2) 你的____怎么这么重？里面是什么____？　　　　　　（东西 / 行李）

(3) 来，一边吃一边聊吧，菜都快____了。　　　　　　　　（冷 / 凉）

第十八课 Lesson 18

(4) 这个房间窗户向北，白天屋里有点儿____。（暗 / 黑）

(5) 对不起，我不____把您的咖啡碰洒了。（小心 / 仔细）

(6) 学校一般在开学第一周办理入学____。（工作 / 手续）

(7) 飞机就要____了，请大家系好安全带。（起飞 / 出发）

(8) ____坐 CA931 航班的旅客请在 39 号登机口____机。（登 / 乘）

五、课外练习 Exercises after class

● 描、写汉字 Trace and copy the following Chinese characters

登	12画	乛乛ᅎ癶ᅎ癶癶癶登	登	登	登				
续	11画	纟续	续	续	续				
李	7画	木李	李	李	李				
票	11画	覀票	票	票	票				
牌	12画	片牌	牌	牌	牌				
掬	11画	扌打扚扚扚扚掬掬	掬	掬	掬				
硬	12画	石硬	硬	硬	硬				
暗	13画	日暗	暗	暗	暗				
扶	7画	扌扶	扶	扶	扶				
卡	5画	上十卡	卡	卡	卡				
扳	7画	扌扳	扳	扳	扳				

洒 9画 氵洒

给下列汉字注音并组词
Write down the *pinyin* of the following Chinese characters and make words

续____(　　) 扳____(　　) 硬____(　　)

读____(　　) 板____(　　) 便____(　　)

扶____(　　) 洒____(　　) 李____(　　)

抚____(　　) 酒____(　　) 季____(　　)

阅读短文 Read the passage

旅客登机程序

乘坐国际航班旅行的旅客登机程序如下：

1. 海关申报

旅客需要填写《中华人民共和国海关出境旅客行李物品申报单》。在《申报单》中选择"否"的旅客，可以选择"无申报通道"（绿色通道）；在《申报单》申报事项中选择"是"的旅客，应在《申报单》相关项目中详细填写所携物品的品名、数量、型号等内容，并选择"申报通道"（红色通道）通关。

2. 行李托运，换登机牌

凭机票及本人有效护照、签证到相应值机柜台办理乘机和行李托运手续，领取登机牌。

3. 边防检查

外国旅客，请将有效护照、签证、出境登记卡交给边检工作人员；中国旅客（包括港澳台地区居民），请将有效护照、签证、登机牌交给边检工作人员。

4. 安全检查

请提前准备好登机牌、飞机票和有效身份证件，交给安全检查员查验，随身物品须经 X 光机检查。

5. 候机登机

经过安检以后，旅客可以按照登机牌上的登机口号到相应候机区休息候机。通常情况下，约在航班起飞前 30 分钟开始登机，登机时需要出示登机牌。

读后回答问题 Read the passage and answer the following questions

（1）乘坐国际航班旅行要做哪些事情？

（2）有要申报物品的旅客应该怎么做？

（3）外国旅客和中国旅客在边防检查时有什么不一样？

（4）什么时候要做安全检查？安检时旅客要做什么？

● 预习（查词典，给下列词语注音，并了解其意思）
Preview (Look up the following words in a dictionary, write down their *pinyin* and learn their meanings)

腿　被　撞　伤　躺　唉　淋　透

___　___　___　___　___　___　___　___

傻　　罚　　上街　　要紧　　骨头　　故意　　小偷（儿）

遇到　　似的　　首都　　剧场　　司机　　机场　　可气　　算命

受骗　　抽烟　　戒烟　　浪费　　决定

第十九课
Dì-shíjiǔ kè

Lesson 19

一、生字 New characters

腿	tuǐ	leg
街	jiē	street
被	bèi	used in a passive sentence to introduce the subject of the action
撞	zhuàng	to knock, to collide, to bump against
伤	shāng	to hurt, to injure
紧	jǐn	urgent, tense
骨	gǔ	bone
躺	tǎng	to lie on one's back
偷	tōu	to steal
遇	yù	to meet
淋	lín	to pour, to drench
似	shì	like, as if
湿	shī	wet, moist, damp, humid
命	mìng	life
傻	shǎ	silly, foolish, stupid
受	shòu	to receive, to suffer

骗	piàn	to deceive
烟	yān	cigarette
罚	fá	to punish, to penalize
决	jué	to decide
戒	jiè	to give up, to quit
浪	làng	
费	fèi	to consume too much

二、字—词（词组）From characters to words (phrases)

上—街	上街	shàng jiē	to go to the street, to go shopping
要—紧	要紧	yàojǐn	serious
骨—头	骨头	gǔtou	bone
小—偷（儿）	小偷（儿）	xiǎotōur	thief
遇—到	遇到	yùdào	to come across, to encounter
似—的	似的	shìde	like, as if
首—都	首都	shǒudū	capital (of a country)
算—命	算命	suàn mìng	(*superstition*) to tell sb.'s fortune through calculation
受—骗	受骗	shòu piàn	to be deceived, to be fooled
抽—烟	抽烟	chōu yān	to smoke
决—定	决定	juédìng	to decide; decision
戒—烟	戒烟	jiè yān	to give up smoking
浪—费	浪费	làngfèi	to waste

第十九课 Lesson 19

三、课文 Texts  19-1

儿子帮爸爸戒烟

我有个朋友，抽烟有十多年了。为了戒烟，父母和弟弟、妹妹没少做他工作，他也戒过几次，可是戒了又抽，抽了再戒，一直没有成功。

成功 chénggōng
to succeed

后来他找了个女朋友，女朋友反对他抽烟。没办法，他只好答应戒烟。可是，女朋友的爸爸也抽烟，这样，在女朋友家里，特别是跟未来的岳父在一起的时候，他就又开始抽了。

反对 fǎnduì
to oppose, to be against

未来 wèilái
future

岳父 yuèfù
father-in-law (wife's father)

结婚后，妻子劝他："戒烟吧，不然会影响我们未来的孩子的。"为了孩子，他又决定戒烟，但是还是没有成功。

不然 bùrán
if not

影响 yǐngxiǎng
to influence, to affect

儿子出生了，慢慢长大了。儿子对他抽烟非常反感。有一次，儿子做错了一件事，他批评了儿子。

反感 fǎngǎn
to dislike, to be disgusted with

· 171 ·

儿子说以后一定改。儿子问他:"爸爸,是不是做了不好的事都要改?"他说:"当然!"儿子又说:"那抽烟是好事吗?"他没有话说了。

有一段时间,儿子咳嗽得很厉害,当他抽烟时,儿子对他说:"爸爸,请您注意自己的身体,也别损害别人的健康。"过了几天,他过生日,儿子送给他一封信,说是生日礼物。他很高兴,打开信一看,上面写着:"爸爸,为了您和家人的健康,请戒烟吧。"儿子才6岁,字写得不怎么好看,可是他知道,儿子是在努力想办法让他戒烟。他说:"好的,孩子。爸爸答应你和妈妈,从今天开始,爸爸戒烟。"儿子和妻子非常高兴。

从那天开始,他真的戒烟了。

段 duàn
a measure word used to indicate a period of time

损害 sǔnhài
to do harm to

第十九课 Lesson 19

○ 读后判断正误

Read the passage and decide whether the following statements are true (T) or false (F)

(1) 女朋友的家人为了让他戒烟常常不工作。　　　　（　）

(2) 女朋友不让他抽烟，所以他戒烟了。　　　　　　（　）

(3) 他的儿子很不喜欢他抽烟。　　　　　　　　　　（　）

(4) 当儿子问他"抽烟是不是好事"时，他不知道该怎么回答。

　　　　　　　　　　　　　　　　　　　　　　　　（　）

(5) 儿子虽然只有6岁，可是字写得很好看。　　　　（　）

(6) 朋友感到，为了让自己戒烟，儿子一直在想办法。（　）

○ 读后回答问题 Read the passage and answer the following questions

(1) 哪些人劝过他戒烟？成功了吗？

(2) 儿子是怎么帮爸爸戒烟的？

四、练习 Exercises

○ 快速找出与左边相同的词 Quickly find the same words as those on the left

上街：上班　上街　街上　大街

故意：愿意　特意　故意　故事

遇到：得到　遇见　迟到　遇到

剧场：机场　剧场　剧情　操场

浪费：消费　浪费　消暑　油费

● 用下列汉字组词 Make words with the following Chinese characters

抽 小 算 骨 首 遇 剧 戒 客 骗 机 要 可 浪
头 气 受 命 偷 烟 费 紧 飞 运 都 到 场 主

_____

_____

● 在下面的空格中填上一个汉字，使其上下、左右各成为一个词（词组）
Put a Chinese character in each of the following blanks to make a word/phrase in each direction

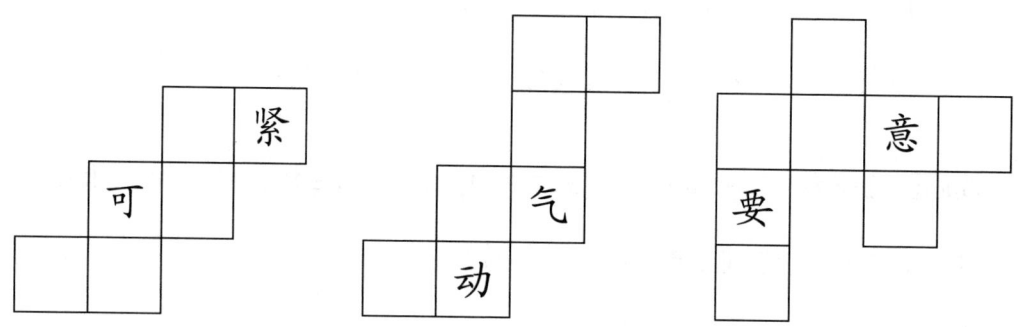

● 选词填空 Choose the words to fill in the blanks

(1) 刚才，一个老大爷____撞倒了。　　　　　　　　　　（被 / 让）

(2) 我的手只受了一点儿小伤，不____。　　　　　　　（要紧 / 认真）

(3) 你看他这么爱玩儿，____个孩子____。　　　　　　（像 / 似的）

(4) 真____，我的笔又坏了，这是第五支了。　　　　　（可气 / 运气）

(5) ____的时候一定要小心，因为____车多人多。　　　（上街 / 街上）

(6) 我想让你____一下我的同屋，他是一个非常好的人。（遇到 / 见）

(7) 我听说一个____被____了，真有意思。　　　　　　（偷 / 小偷）

(8) 让你等了这么长时间，真____。　　　　　　　　　（没有意思 / 不好意思）

五、课外练习 Exercises after class

● 描、写汉字 Trace and copy the following Chinese characters

腿	13画	朋朋腿	腿	腿	腿				
街	12画	彳徉街	街	街	街				
被	10画	衤衤衤被	被	被	被				
撞	15画	扌扩撞	撞	撞	撞				
伤	6画	亻伤伤	伤	伤	伤				
紧	10画	川収紧	紧	紧	紧				
骨	9画	冂冃骨骨	骨	骨	骨				
躺	15画	身身'身'射'躺躺	躺	躺	躺				
偷	11画	亻偷	偷	偷	偷				
遇	12画	冂日甲禺禺遇	遇	遇	遇				
淋	11画	氵淋淋	淋	淋	淋				
似	6画	亻似	似	似	似				
湿	12画	氵汨湿	湿	湿	湿				
命	8画	人合合命命	命	命	命				
傻	13画	亻们价俱傻	傻	傻	傻				

受	8画 丷灬受	受	受	受					
骗	12画 马骗	骗	骗	骗					
烟	10画 火烟	烟	烟	烟					
罚	9画 罒罚罚	罚	罚	罚					
决	6画 冫决	决	决	决					
戒	7画 一二于戒戒戒	戒	戒	戒					
浪	10画 氵浪	浪	浪	浪					
费	9画 一一弓弗费	费	费	费					

● **给下列汉字注音并组词**

Write down the *pinyin* of the following Chinese characters and make words

偷____（   ）　　受____（   ）　　骗____（   ）

愉____（   ）　　爱____（   ）　　编____（   ）

戒____（   ）　　被____（   ）　　决____（   ）

成____（   ）　　玻____（   ）　　块____（   ）

湿____（   ）　　紧____（   ）　　命____（   ）

温____（   ）　　紫____（   ）　　合____（   ）

第十九课 Lesson 19

● 阅读短文 Read the passage

五日戒烟法

第一日：准备阶段

　　要充分认识吸烟的危害，要有戒烟的决心。尽可能不跟吸烟的人在一起。以水果或果汁为主食，少吃肉、鱼等。不要喝咖啡，也不要喝酒。睡觉前散散步，比平时早一点儿上床休息。想吸烟的时候就做做深呼吸。

第二日：开始戒烟

　　睡醒后的第一件事就是对自己再次强调"我今天不抽烟"。在早餐前喝一大杯水并洗一个澡，保持头脑清醒。饮食仍以水果为主，不吃油炸和肉类食品，饭后不要在饭桌边闲坐。

第三日：应对症状

　　两天没有吸烟，可能有些人会有头痛、口干、咳嗽、心烦等不适应的反应。这时，一定要坚持住。可以做一些自己喜欢的运动。另外，洗洗热水澡，让自己放松放松。

第四日：对付"尼古丁"(nígǔdīng, nicotine)

　　烟中含有"尼古丁"，就是它让人吸烟上瘾。可以用饮料和茶水来淡化它，菊花茶和茉莉花茶都是很好的选择。同时要进行适当的锻炼，可以选择走路、骑自行车等方式，放松自己并增加能量消耗。特别想吸烟的时候，要及时进行深呼吸。

第五日：防止复吸

这时，最关键的是要为自己选择戒烟而感到骄傲，要有意识地远离吸烟人群。如果遇到有人让你吸烟，可以告诉他："我已经戒烟了，不会再吸，一口也不吸。"同时丰富自己的业余生活，多参加娱乐活动，看看电影，运动运动，等等。

怎么样，朋友？如果你想戒烟的话，那就按照上面说的试一试吧。只要你有决心、能坚持——一定要坚持——你就能够把烟戒掉。

读后回答问题 Read the passage and answer the following questions

(1) 你觉得戒烟的关键（guānjiàn, key）是什么？

(2) 什么东西让人吸烟上瘾？有什么办法减轻它的影响？

● **预习（查词典，给下列词语注音，并了解其意思）**
Preview (Look up the following words in a dictionary, write down their *pinyin* and learn their meanings)

猜　　约　　演出　　演员　　武打　　动作　　精彩　　表现
———　———　———　———　———　———　———　———

人物　　社会　　地位　　性格　　十分　　有趣　　服装　　影响
———　———　———　———　———　———　———　———

第十九课 Lesson 19

传统　艺术　了解　的话　担心　估计　开演　节目单

古代　神话　天上　仙女　羡慕　人间　偷偷（儿）

内容

第二十课
Dì-èrshí kè

Lesson 20

一、生字 New characters

猜	cāi	to guess
武	wǔ	martial arts or connected with martial arts
格	gé	character
传	chuán	to pass on, to hand down
统	tǒng	continuum of interrelated things
艺	yì	art
术	shù	skill
解	jiě	to understand, to comprehend
担	dān	to bear, to undertake
估	gū	to estimate
计	jì	to calculate
单	dān	list
羡	xiàn	to admire
慕	mù	to admire
内	nèi	in, inside

二、字—词（词组）From characters to words (phrases)

武—打	武打	wǔdǎ	acrobatic fighting
性—格	性格	xìnggé	character, disposition, personality
传—统	传统	chuántǒng	traditional; tradition
艺—术	艺术	yìshù	art
了—解	了解	liǎojiě	to understand, to know
担—心	担心	dān xīn	to be anxious about, to worry about
估—计	估计	gūjì	to reckon, to estimate
节目—单	节目单	jiémùdān	playbill, program
羡—慕	羡慕	xiànmù	to admire, to envy
内—容	内容	nèiróng	content

三、课文 Texts  20-1

京剧脸谱

脸谱，是中国传统戏剧中在演员的脸上用各种色彩画的图案。戏剧中各种人物都有自己特定的脸谱，不同的脸谱表现不同人物的性格。

京剧脸谱和京剧表演艺术一样，是和演员的表演一起出现在戏

戏剧　xìjù
drama, play

图案　tú'àn
pattern

特定　tèdìng
specific

剧舞台上的活的艺术。在色彩上，京剧脸谱有红、紫、黑、白、蓝、绿、黄、金、银等颜色，这些不同的颜色表现人物的不同性格，例如，红色表示忠勇，黑色表示正直，白色表示奸诈，等等。

　　京剧脸谱作为一种艺术，不但和京剧表演联系在一起，而且还跟中国传统绘画有十分密切的联系。中国画很强调写意。在中国画中，人们常常可以看到，画家只用简单的几个线条就可以表达很深的含义。这一点也表现在京剧脸谱中。京剧脸谱中，人物的眼睛、眉毛、鼻子等部位，用不同色彩和不同线条来画，可以把各种人物的不同性格表现得淋漓尽致。所以，看人物的脸谱，就可以知道这个人是好人还是坏人。

　　作为一种艺术，京剧脸谱不但出现在京剧舞台上，而且在绘画、服装、工艺品中人们都可以见到，还有用京剧脸谱做图案的邮票。

舞台	wǔtái	stage
忠勇	zhōngyǒng	loyal and brave
正直	zhèngzhí	integrity
奸诈	jiānzhà	fraudulent
联系	liánxì	to connect, to contact
绘画	huìhuà	drawing, painting
密切	mìqiè	close, intimate
强调	qiángdiào	to emphasize
写意	xiěyì	freehand brushwork (in traditional Chinese painting)
简单	jiǎndān	simple
含义	hányì	meaning, implication
淋漓尽致	línlí-jìnzhì	vividly and incisively

● 读后判断正误

Read the passage and decide whether the following statements are true (T) or false (F)

（1）在中国传统戏剧中，演员的脸上要画上一些图案。　　（　）

（2）脸谱是用来表现人物性格的。　　（　）

（3）一种颜色可以表现人物的几种性格。　　（　）

（4）剧中人物的眼睛、眉毛、鼻子等常用不同的线条勾画。　　（　）

（5）剧中人物是好人还是坏人，看看他的脸谱就知道了。　　（　）

（6）人们在服装上、在工艺品上也可以看到京剧脸谱。　　（　）

● 读后回答问题 Read the passage and answer the following questions

（1）京剧脸谱是做什么用的？

（2）脸谱和中国画有什么共同的地方？

四、练习 Exercises

● 快速找出与左边相同的词 Quickly find the same words as those on the left

艺术：技术　美术　艺人　艺术

性格：性别　性格　性情　性能

估计：设计　共计　估价　估计

担心：担水　担心　担当　粗心

内容：内宾　内宅　内室　内容

● 用下列汉字组词 Make words with the following Chinese characters

担 地 影 艺 武 性 服 有 脸 表 肯 内 古 传 精 决 动
神 彩 作 趣 谱 容 装 打 术 响 定 现 位 心 格 代 统

_____

_____

● 在下面的空格中填上一个汉字，使其上下、左右各成为一个词（词组）
Put a Chinese character in each of the following blanks to make a word/phrase in each direction

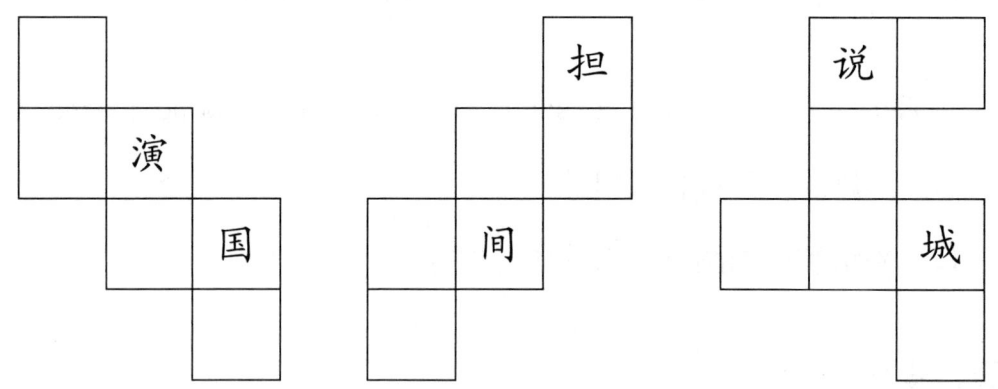

● 选词填空 Choose the words to fill in the blanks

(1) 你____王老师有多大年纪了？　　　　　　　　　　　　（猜/想）

(2) 他____我找不到那个地方，就给我画了一张图。（担心/着急）

(3) 今天的____真不错，演员们唱得好，____得也好。（演出/演）

(4) 我____他，可是不太____他。　　　　　　　　　　（了解/认识）

(5) ____只有对剧中____的性格十分了解，才能演好。（人物/演员）

(6) 安娜常常去____店买____。　　　　　　　　　　　（服装/衣服）

(7) 我敢____这件事____是你错了。　　　　　　（一定／肯定）

(8) 京剧脸谱能____人物的性格和社会地位。　　（表现／表演）

五、课外练习 Exercises after class

● 描、写汉字 Trace and copy the following Chinese characters

猜	11画 犭猜	猜	猜	猜				
武	8画 一二亍元武武	武	武	武				
格	10画 木格	格	格	格				
传	6画 亻仁传传	传	传	传				
统	9画 纟纟纺纺统统	统	统	统				
艺	4画 艹艺	艺	艺	艺				
术	5画 木术	术	术	术				
解	13画 角鲜解	解	解	解				
担	8画 扌担	担	担	担				
估	7画 亻估	估	估	估				
计	4画 讠计	计	计	计				
单	8画 丷䒑甲单	单	单	单				
美	12画 羊美	美	美	美				

慕	14画	艹苩莫莫 慕慕慕	慕	慕	慕			
内	4画	冂内	内	内	内			

● **给下列汉字注音并组词**

Write down the *pinyin* of the following Chinese characters and make words

术＿＿（　　）　　内＿＿（　　）　　猜＿＿（　　）

木＿＿（　　）　　肉＿＿（　　）　　精＿＿（　　）

传＿＿（　　）　　担＿＿（　　）　　慕＿＿（　　）

转＿＿（　　）　　但＿＿（　　）　　幕＿＿（　　）

● **阅读短文** Read the passage

中国的地方戏

在中国，除了在全国流行的剧种（如京剧）以外，有些地方还有自己的地方戏，如川剧、越剧、沪剧、豫剧、藏剧等。地方戏一般都带有地方色彩，大多反映当地人民的生活、习俗等。地方戏不仅在某个地方流行，有些地方戏在其他地方也有很多观众。地方戏中有不少传统剧目，如越剧《红楼梦》、豫剧《花木兰》、藏剧《文成公主》等，都很有名。

看地方戏要懂地方话，也就是方言。因为表演地方戏时，演员大都说方言，比如川剧演员说四川话，沪剧演员说上海话，豫剧演员说河南话，等等。这对那些不懂方言的听众来说，听懂地方戏比较困难。不过，人们还是能够通过对剧情的了解及演员们的表演看懂它。

读后回答问题 Read the passage and answer the following questions

（1）什么是地方戏？

（2）如果不懂上海话，能看懂沪剧吗？为什么？

● 预习（查词典，给下列词语注音，并了解其意思）
Preview (Look up the following words in a dictionary, write down their *pinyin* and learn their meanings)

背（台词）　无　缆车　喘气　到底　胜利　加油
———　———　———　———　———　———　———

出汗　接着　危险　积极　相声　台词　话剧　排练
———　———　———　———　———　———　———　———

纠正　受伤　世上　自信　相信　争取　恐怕
———　———　———　———　———　———　———

第二十一课
Dì-èrshíyī kè

Lesson 21

一、生字 New characters

缆	lǎn	cable
喘	chuǎn	to breathe heavily, to pant
底	dǐ	bottom
胜	shèng	victory
汗	hàn	sweat
危	wēi	danger
险	xiǎn	dangerous
背	bèi	to recite from memory, to learn by heart
纠	jiū	to correct
无	wú	to not have; without
争	zhēng	to strive
恐	kǒng	to fear
怕	pà	to fear, to be afraid of

二、字—词（词组）From characters to words (phrases)

缆—车	缆车	lǎnchē	cable car

第二十一课 Lesson 21

喘—气	喘气	chuǎn qì	to breathe heavily, to pant
到—底	到底	dào dǐ	to the end, to the finish; on earth
胜—利	胜利	shènglì	to succeed, to win (a victory)
出—汗	出汗	chū hàn	to sweat
危—险	危险	wēixiǎn	dangerous; danger
纠—正	纠正	jiūzhèng	to correct
自—信	自信	zìxìn	self-confidence; confident
相—信	相信	xiāngxìn	to believe
争—取	争取	zhēngqǔ	to strive for, to try to realize
恐—怕	恐怕	kǒngpà	afraid that...; probably, maybe

三、课文 Texts  21-1

争先恐后

"争先恐后"是一个成语。这个成语是怎么来的呢？

中国古时候，有一个叫王良的赶车人，他车赶得很好。有一天，一个姓赵的王子请王良教他赶车。王良同意了，他教得很认真，赵王子学得也很认真。赵王子很快就学会了赶车，他想跟王良比赛一下，看看谁的马车跑得快。他们一共赛

赶车　gǎn chē
to drive a cart

王子　wángzǐ
prince

同意　tóngyì
to agree

了三次，赵王子换了三次马，结果都输了。

赵王子非常不高兴，他对王良说："你教我赶车，可是没把本领都教给我。"

王良说："我的本领都交给您了，可是您没有好好儿地用。赶车的时候，重要的是让马和车配合好。应该把注意力放在马上，不能放在比赛的对手上。这样才能让马跑得快，跑得远。可是，您跟我比赛，落在我后边的时候，怕赶不上我。跑在我前边的时候，又担心被我追上。是不是这样？比赛一定会有输有赢，不是你在前边，就是我在前边。您只注意我了，而没有注意您的马，所以您三次都落在我后边。"

赵王子听了王良的话，觉得他说得对。

"争先恐后"就是从这个故事来的。人们用它表示"争着向前，恐怕落后"。

第二十一课 Lesson 21

● 读后判断正误

Read the passage and decide whether the following statements are true (T) or false (F)

(1) 王良是一个赶车人。　　　　　　　　　　　　（　）

(2) 赵王子跟王良比赛赶马车输了。　　　　　　　（　）

(3) 王良没有把赶车的本领都交给赵王子。　　　　（　）

(4) 比赛时，赵王子的注意力不在马上。　　　　　（　）

(5) "争先恐后"的意思是"争着在别人前面，恐怕落在后面"。

　　　　　　　　　　　　　　　　　　　　　　　（　）

● 读后回答问题 Read the passage and answer the following questions

(1) 你觉得为什么赵王子三次比赛都输了？

(2) "争先恐后"这个成语故事说明了什么？

四、练习 Exercises

● 快速找出与左边相同的词 Quickly find the same words as those on the left

积极：积木　初级　积存　积极

纠正：改正　纯正　纠正　红土

争取：采取　争取　夺取　免职

相信：自信　相似　相信　相传

危险：危害　冒险　危难　危险

● 用下列汉字组词 Make words with the following Chinese characters

争 纠 积 恐 站 胜 然 气 相 台 缆 由
喘 极 正 取 利 温 词 怕 信 声 车 自

_____

_____

● 在下面的空格中填上一个汉字，使其上下、左右各成为一个词（词组）
Put a Chinese character in each of the following blanks to make a word/phrase in each direction

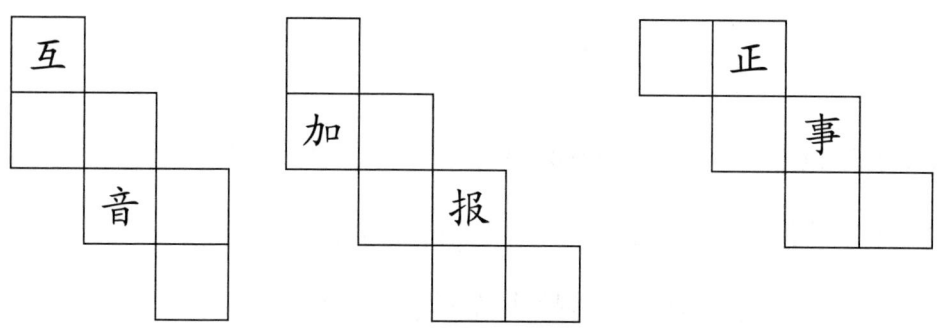

● 选词填空 Choose the words to fill in the blanks

(1) 加油，朋友们！坚持____，就是胜利。　　　　（到底 / 最后）

(2) 大家是____你的，你也一定要有____。　　　　（自信 / 相信）

(3) 看你，怎么弄了一____土？快洗洗吧。　　　　（身 / 身体）

(4) 这点儿小事不用____，我们大家帮助你。　　　　（恐怕 / 怕）

(5) 昨天的汉语节目____，大家都____得很好。　　　　（演 / 表演）

(6) 安娜念完第一段课文，玛丽____念第二段。　　　　（接着 / 然后）

(7) 要是大家请你表演____节目，你就唱那____刚学的中国
歌吧。　　　　（个 / 首）

(8) 爬山时一定要注意____，有些____的地方就不要爬了。

（安全 / 危险）

第二十一课 Lesson 21

五、课外练习 Exercises after class

● 描、写汉字 Trace and copy the following Chinese characters

缆	12画	纟缆
喘	12画	口𠵕喘
底	8画	广庁庐底底
胜	9画	月胜
汗	6画	氵汗
危	6画	𠂉厃危
险	9画	阝险
背	9画	北背
纠	5画	纟纠
无	4画	二于无
争	6画	𠂊𠂊争争
恐	10画	巩巩恐
怕	8画	忄怕

● 给下列汉字注音并组词

Write down the *pinyin* of the following Chinese characters and make words

缆＿＿（　　）　　无＿＿（　　）　　背＿＿（　　）

揽＿＿（　　）　　天＿＿（　　）　　肯＿＿（　　）

喘___(　　)　　纠___(　　)　　怕___(　　)

端___(　　)　　叫___(　　)　　伯___(　　)

胜___(　　)

性___(　　)

● 阅读短文 Read the passage

相声

相声是中国人民喜闻乐见的一种艺术形式，是语言和表演艺术。

说相声是语言艺术，是因为从话语结构上看，它一般是对话形式。表演时，一方是叙述者，另一方做辅助叙述的工作。表演的双方在舞台上你一句我一句，不断向观众传递信息。观众从接收到的信息中得到娱乐或受到教育，同时获得艺术的享受。有人说相声是引人发笑的艺术，这话确实不假。

相声是表演艺术，它通过说、学、逗、唱等手段引人发笑。在相声表演中，有时一个演员向另一个演员提问，有时演员还向观众提问，这大大加强了演员与观众的联系与交流。观众一般不直接与演员对话，但是他们可以通过笑声表达自己的观点和态度。

在相声的表演和欣赏过程中，演员与观众的交

第二十一课 Lesson 21

流是双向的，而且是十分密切的。这一特点跟它特有的艺术形式——对话——是分不开的。这种形式满足了广大观众的参与意识，也因此产生了独特的艺术魅力。相声与观众结成了"无话不谈"的朋友。

读后回答问题 Read the passage and answer the following questions

（1）什么是相声？

（2）为什么说相声是语言艺术？

（3）在相声表演和欣赏过程中，演员和观众是怎样进行交流的？为什么会这样？

● **预习（查词典，给下列词语注音，并了解其意思）**
Preview (Look up the following words in a dictionary, write down their *pinyin* and learn their meanings)

熟　　待　　签　　搞　　光　　抽　　一下子　　国际

———　———　———　———　———　———　————　———

广播　电台　邀请　合同　中外　合资　空儿　地址

———　———　———　———　———　———　———　———

业务　交流　成立　不久　开展　继续　一定　基础

———　———　———　———　———　———　———　———

只有……才……　　同意

————————　　———

第二十二课
Dì-èrshí'èr kè

Lesson 22

一、生字 New characters

际	jì	between, among, inter-
播	bō	to broadcast
邀	yāo	to invite
待	dāi	to stay
址	zhǐ	address
搞	gǎo	to do, to engage in
立	lì	to establish, to stand
继	jì	to continue, to succeed, to follow
基	jī	basic, primary
础	chǔ	foundation

二、字—词（词组）From characters to words (phrases)

国—际	国际	guójì	international
广—播	广播	guǎngbō	radio, broadcast
邀—请	邀请	yāoqǐng	to invite
地—址	地址	dìzhǐ	address

第二十二课 Lesson 22

成—立	成立	chénglì	to set up, to establish
继—续	继续	jìxù	to continue, to go on
基—础	基础	jīchǔ	foundation, basis

三、课文 Texts  22-1

中国国际广播电台

中国国际广播电台是中国向全世界广播的国家广播电台，它的英文名字是 China Radio International（CRI）。中国国际广播电台成立于 1941 年。现在它每天用英、法、日、俄、阿拉伯、西班牙等 61 种外语和汉语普通话及 4 种方言向全世界广播，每天的播出时间共计 2000 多个小时。它的网站"国际在线"有 43 种文字、61 种语言音频节目，是中国语种最多的网站。中国国际广播电台已经成为世界上有较大影响的国际广播电台之一。

中国国际广播电台播出的节目十分丰富，除了新闻节目以外，还

方言　fāngyán
dialect

共计　gòngjì
to amount to, to total

音频　yīnpín
audio, audio frequency

有音乐、汉语教学、中国文化介绍等各种节目。此外，它还经常举办由听众参加的各种知识性、娱乐性的活动。它已经成为世界人民认识中国、了解中国的一个窗口。通过它，世界各地的听众可以了解中国各方面的情况，可以欣赏中国的民族音乐，可以学习汉语，还可以了解中国的历史、现状以及中华文化。

中国国际广播电台在国内外有大量的听众，每年它都能收到来自世界180多个国家和地区的几百万封听众来信和电子邮件。听众们称赞中国国际广播电台是"中国的空中大使"，是中外人民之间的"友谊桥梁"。

生词	拼音	释义
听众	tīngzhòng	audience
知识	zhīshi	knowledge
娱乐	yúlè	entertainment
窗口	chuāngkǒu	window
欣赏	xīnshǎng	to enjoy, to appreciate
现状	xiànzhuàng	present situation, status quo
来自	láizì	to come from
称赞	chēngzàn	to praise
桥梁	qiáoliáng	bridge

● 读后判断正误

Read the passage and decide whether the following statements are true (T) or false (F)

(1) 中国国际广播电台只向国外广播。　　　　　　　　　　（　　）

(2) 中国国际广播电台除了用汉语普通话以外，还用方言及外语广播。

　　　　　　　　　　　　　　　　　　　　　　　　　　（　　）

第二十二课 Lesson 22

(3) 中国国际广播电台有汉语教学节目。　　　　　　　（　）

(4) 听众们常常举办一些娱乐活动。　　　　　　　　　（　）

(5) 听众们常常给中国国际广播电台写信。　　　　　　（　）

○ **读后回答问题** Read the passage and answer the following questions

(1) 请你简单介绍一下中国国际广播电台。

(2) 你喜不喜欢中国国际广播电台的节目？为什么？

四、练习 Exercises

○ **快速找出与左边相同的词** Quickly find the same words as those on the left

业务：业余　任务　公务　业务

开展：开发　开展　发展　并存

国际：国防　星际　国际　团队

成立：成人　自立　成立　成交

继续：接续　继续　断绝　精读

邀请：激情　提请　邀请　热情

同意：用意　同义　同意　同事

○ **用下列汉字组词** Make words with the following Chinese characters

基　成　继　际　广　业　址　邀　合　交　意　资　手　家
流　愿　请　务　同　续　播　立　见　础　地　料　功　国

_____

_____

● **在下面的空格中填上一个汉字，使其上下、左右各成为一个词（词组）**
Put a Chinese character in each of the following blanks to make a word/phrase in each direction

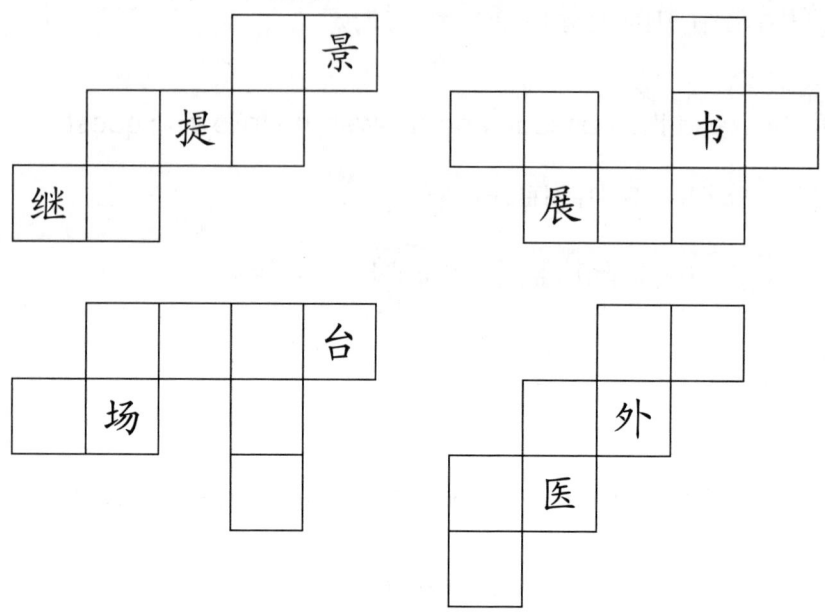

● **选词填空** Choose the words to fill in the blanks

(1) 王力刚到一家新公司，没有经验，业务____得不太好。

（开展／开始）

(2) 你不常来我这儿，再____一会儿吧。 （住／待）

(3) 我有一个____艺术的朋友，想不想认识一下？ （做／搞）

(4) 来北京后____，他就认识了一个中国女孩儿。 （刚才／不久）

(5) 他们公司____时，业务大楼还没____好。 （建／成立）

(6) 她是我们学校新____的外教。 （邀请／请）

(7) 很多球迷都在请他____名。 （写／签）

(8) 这儿的情况他很____，你就放心吧。 （知道／熟）

第二十二课 Lesson 22

五、课外练习 Exercises after class

● 描、写汉字 Trace and copy the following Chinese characters

际	7画 阝际	际	际	际					
播	15画 扌播	播	播	播					
邀	16画 白臬敫邀	邀	邀	邀					
待	9画 彳仕待	待	待	待					
址	7画 土址	址	址	址					
搞	13画 扌搞	搞	搞	搞					
立	5画 一亠立	立	立	立					
继	10画 幺丬继	继	继	继					
基	11画 一十廿甘其其基	基	基	基					
础	10画 石础	础	础	础					

● 给下列汉字注音并组词

Write down the *pinyin* of the following Chinese characters and make words

址____(   )   继____(   )   待____(   )

证____(   )   断____(   )   持____(   )

邀____(   )   际____(   )   搞____(   )

激____(   )   院____(   )   稿____(   )

阅读短文 Read the passage

中央人民广播电台

中央人民广播电台是中华人民共和国国家广播电台，英文名是China National Radio（CNR）。它成立于1940年，当时叫"延安新华广播电台"。1949年正式定名为中央人民广播电台。

中央人民广播电台现在共有"中国之声""经济之声""音乐之声""都市之声""中华之声""神州之声""华夏之声""民族之声""文艺之声""老年之声"等16套节目，覆盖全国，每天播音300多个小时。这16套节目各有特色，如"中国之声"以综合新闻信息节目为主，"经济之声"主要内容为财经资讯，"音乐之声"面向喜爱流行音乐的听众，"都市之声"的内容大都与都市人生活密切相关，"神州之声""华夏之声"和"民族之声"主要是对港澳台地区和少数民族地区的广播，"文艺之声"主要播出语言类文艺节目，"老年之声"是老年人的精神文化家园。中央人民广播电台的网站中国广播网是全国最大的音频网站，并拥有网络电台"银河台"。

中央人民广播电台有不少听众喜欢的节目，比如《新闻和报纸摘要》《新闻纵横》《体育天地》《新鲜早世界》《天下财经》《中国经济报道》《名家书场》《戏

第二十二课 Lesson 22

曲舞台》等。

中央人民广播电台有大量的听众，它是中国最重要的、最具有影响力的大众传媒之一。

读后判断正误
Read the passage and decide whether the following statements are true (T) or false (F)

(1) 中央人民广播电台有 70 多年历史了。　　　　　　(　)

(2) 中央人民广播电台成立的时候就用这个名字。　　　(　)

(3) 中央人民广播电台的节目向全国播送。　　　　　　(　)

(4) 中央人民广播电台的节目很多，听众很喜欢听。　　(　)

○ **预习（查词典，给下列词语注音，并了解其意思）**
Preview (Look up the following words in a dictionary, write down their *pinyin* and learn their meanings)

渴　　船　　峡　　甲　　零　　好吃　　辣子鸡丁
___　___　___　___　___　_____　_____

糖醋鱼　外地　零下　冰灯　冰雕　开玩笑　计划
_____　____　____　____　____　_____　____

碑林　兵马俑　游览　天堂　山水　天下　少数民族
____　_____　____　____　____　____　_____

风俗　路线　值得
____　____　____

第二十三课
Dì-èrshísān kè

Lesson 23

一、生字 New characters

渴	kě	thirsty
辣	là	hot
丁	dīng	cube
醋	cù	vinegar
零	líng	zero
雕	diāo	to carve
划	huà	to plan
碑	bēi	stele
林	lín	forest
兵	bīng	soldier
俑	yǒng	tomb figure, figurine
船	chuán	boat, ship
甲	jiǎ	the first of the ten Heavenly Stems, No. 1
族	zú	nationality, class or group of people or things with common features
俗	sú	custom, convention
线	xiàn	line
值	zhí	to be worth

第二十三课 Lesson 23

二、字—词（词组）From characters to words (phrases)

辣子—鸡丁	辣子鸡丁	làzi jīdīng	diced chicken with chili
糖醋—鱼	糖醋鱼	tángcùyú	sweet and sour fish
零—下	零下	líng xià	below zero
冰—雕	冰雕	bīngdiāo	ice sculpture, ice carving
计—划	计划	jìhuà	plan; to plan
兵马—俑	兵马俑	bīngmǎyǒng	terracotta warriors and horses
民—族	民族	mínzú	nationality, ethnic group
少数—民族	少数民族	shǎoshù mínzú	ethnic minority
风—俗	风俗	fēngsú	custom
路—线	路线	lùxiàn	route
值—得	值得	zhídé	to be worth

三、课文 Texts  23-1

哈尔滨冰灯

哈尔滨是中国东北一座美丽的大城市，被人们称作"冰城"。这里每年冬天都要举办冰雪节。每到这个时候，冰雕艺术家们都会把他们丰富的想象力表现在一座座生动有趣的冰雕作品中。在这里，人们能看到"长城""故宫""天坛"，还能找到"桂林山水""苏州园林""版纳风光"。一盏盏冰灯，组成了一个七彩的世界。一座座冰雕，展现出了一片晶莹的艺术天地。

哈尔滨人喜爱冰雪，他们把冰雪看作是大自然给他们的礼物，也是展现自己才华的材料。参加冰雕制作的，有艺术家，也有不少青年学生。在他们的手中，又硬又冷的冰雪好像有了生气，有了灵性。一座座冰雕表达了创作者的心声和情感，也美化了冰城人的生活。

冰灯、冰雕已经成为冰城人特有的艺术表现形式。傍晚，当你走在这座城市的大街上，你会看到一座座冰灯和冰雕在雪中发出多彩、温暖的灯光，你会感到冬天的冰城是那么美丽。

想象力　xiǎngxiànglì
imagination

生动　shēngdòng
vivid

盏　zhǎn
a measure word for lamps

展现　zhǎnxiàn
to show, to display

晶莹　jīngyíng
sparkling and crystal clear

天地　tiāndì　world

才华　cáihuá　talent

材料　cáiliào　material

生气　shēngqì
life, vitality

灵性　língxìng
intelligence, spirituality

心声　xīnshēng
innermost thoughts and feelings

情感　qínggǎn
feeling, emotion

美化　měihuà
to beautify

第二十三课 Lesson 23

○ 读后判断正误

Read the passage and decide whether the following statements are true (T) or false (F)

（1）在哈尔滨，每年都要举办一次冰雪节。　　　　　（　　）

（2）每年参加冰雕比赛的人都很多。　　　　　　　　（　　）

（3）七种颜色的冰灯组成了一个世界。　　　　　　　（　　）

（4）冰雪是大自然送给哈尔滨的礼物。　　　　　　　（　　）

（5）冰雕创作者把自己想的、要说的都表现在了他们的作品中。

（　　）

○ 读后回答问题 Read the passage and answer the following question

哈尔滨为什么被人们叫作"冰城"？

四、练习 Exercises

○ 快速找出与左边相同的词 Quickly find the same words as those on the left

计划：计时　计价　计划　规划

民族：家族　民歌　民族　民俗

路线：视线　路线　短浅　路程

好吃：好听　好吃　好喝　吃好

游览：阅览　游客　游览　游泳

● 用下列汉字组词 Make words with the following Chinese characters

路 民 计 零 公 风 冰 少 考 碑 树 游
雕 林 数 俗 览 察 划 下 线 族 费 灯

_____

_____

● 在下面的空格中填上一个汉字，使其上下、左右各成为一个词（词组）
Put a Chinese character in each of the following blanks to make a word/phrase in each direction

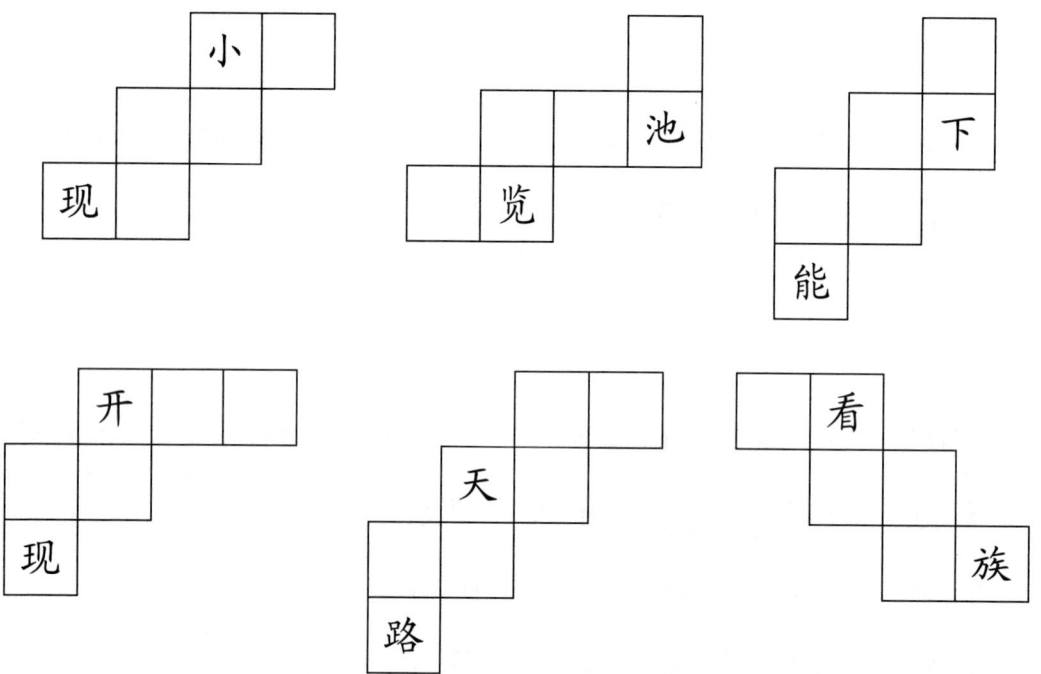

● 选词填空 Choose the words to fill in the blanks

(1) 下周我要去南方____，回来后再去____身体吧。（检查/考察）

(2) 这次的____路线是西安—桂林，我要好好儿____一下两地的山水。
（旅行/游览）

(3) 中国共有56个____，其中汉____人口最多。 （族/民族）

(4) 今年的____有1个月，我想____后回国看看。　　（放假 / 寒假）

(5) 我____先去上海，再去杭州、苏州。这个____怎么样？

（想 / 计划）

(6) 各地有各地的____，每个人有每个人的____。　　（习惯 / 风俗）

五、课外练习 Exercises after class

● 描、写汉字 Trace and copy the following Chinese characters

渴	12画	氵渴	渴	渴	渴
辣	14画	立辛辣	辣	辣	辣
丁	2画	一丁	丁	丁	丁
醋	15画	酉醋	醋	醋	醋
零	13画	零零零零零零	零	零	零
雕	16画	周雕	雕	雕	雕
划	6画	一七戈划	划	划	划
碑	13画	石矿矿砷砷碑碑	碑	碑	碑
林	8画	木林	林	林	林
兵	7画	丘兵	兵	兵	兵
俑	9画	亻亻亻俑	俑	俑	俑
船	11画	舟舩船	船	船	船

甲	5画 曰甲	甲	甲	甲				
族	11画 方方族	族	族	族				
俗	9画 亻伙俗	俗	俗	俗				
线	8画 纟线	线	线	线				
值	10画 亻值	值	值	值				

● **给下列汉字注音并组词**

Write down the *pinyin* of the following Chinese characters and make words

渴 ____（   ）　　兵 ____（   ）　　甲 ____（   ）

喝 ____（   ）　　乓 ____（   ）　　由 ____（   ）

族 ____（   ）　　线 ____（   ）　　船 ____（   ）

旅 ____（   ）　　钱 ____（   ）　　般 ____（   ）

● **阅读短文** Read the passage

秦始皇陵兵马俑

秦始皇是中国历史上第一个皇帝。他的陵墓位于西安市城东30公里处。1974年春天，当地的农民在秦始皇陵东面1.5公里的地方打井时发现了一些与真人真马一样大小的兵马俑。开始时，人们并不知道这些兵马俑是什么时候做的，也不知道是为什么人做的。后来经过考古专家的研究，最后确认这些兵马俑是秦始皇陵的陪葬物。从此，这些埋藏在地下两千多年的珍贵文物被挖掘出来，并且建成了秦始皇陵兵马俑博物馆。

博物馆由一号坑、二号坑、三号坑和兵马俑坑组成。这里展出的陶武士俑和兵马俑共有8000多个。它们都与真人大小差不多，排着整齐的队伍，身穿不同服装，手拿各种兵器，气势十分壮观。

1987年秦始皇陵及兵马俑坑被联合国教科文组织批准列入《世界遗产名录》。

读后回答问题 Read the passage and answer the following questions

(1) 秦始皇陵兵马俑是怎么被发现的？

(2) 秦始皇陵兵马俑是什么样子的？

🔵 预习（查词典，给下列词语注音，并了解其意思）

Preview (Look up the following words in a dictionary, write down their *pinyin* and learn their meanings)

敢　滚　抱　脚　伸　弯　腰　岁寒三友

松　竹　梅　困难　警察　到处　感动　十字路口

夫妻　看样子　来往　立即　情景　发生　鞋带　面前

叔叔　画家　叫作　字画　照顾　过奖

Lesson 24

第二十四课
Dì-èrshísì kè

一、生字 New characters

警	jǐng	police
察	chá	to examine, to observe
敢	gǎn	to dare
即	jí	promptly
滚	gǔn	to roll
抱	bào	to hold/carry in one's arms
叔	shū	uncle (father's younger brother)
鞋	xié	shoe
脚	jiǎo	foot
伸	shēn	to extend, to stretch
弯	wān	to bend, to curl; crooked
腰	yāo	waist
顾	gù	to attend to
梅	méi	plum, plum blossom
图	tú	picture
松	sōng	pine

· 213 ·

竹　　zhú　　　　bamboo

奖　　jiǎng　　　award

二、字—词（词组）From characters to words (phrases)

警—察	警察	jǐngchá	police
立—即	立即	lìjí	immediately, at once
鞋—带（儿）	鞋带（儿）	xiédàir	shoelace
叔—叔	叔叔	shūshu	uncle (father's younger brother)
弯—腰	弯腰	wān yāo	to bend down
照—顾	照顾	zhàogù	to take care of
过—奖	过奖	guòjiǎng	to flatter

三、课文 Texts 24-1

松、竹、梅

　　松、竹、梅一直被人们称为"岁寒三友"，很受中国人民的喜爱。

　　松树是一种常青树，一年四季都是绿色的。它不怕寒冷，有强大的生命力。中国人常把松树作为健康长寿的象征。松树可以美化环境，

称为　chēngwéi
to be called

喜爱　xǐ'ài
to like

青　qīng
blue or green

象征　xiàngzhēng
to symbolize

第二十四课 Lesson 24

而且还有很高的经济价值和药用价值。

竹子是一种独特的植物,四季常绿,不怕寒冷。竹子种类很多,用途非常广泛,可以造船、盖房、做家具,还可以做乐器和工艺品。竹笋可以吃,竹根、竹叶可以做药。可以说,竹子一身都是宝。

梅花是中国传统名花之一,梅花种类很多,花色有红、白、绿等多种。在寒冷的冬天里,梅花不怕寒冷,一花独放,给大地带来了生机。人们常把梅花作为高洁、坚强、美好的象征。

由于松树和竹子一年四季常青,冬天也是绿的,而梅花又在冬季开花,所以人们把它们称为"岁寒三友"。古今许多名人写诗作画,称赞它们。

价值	jiàzhí	value
植物	zhíwù	plant
用途	yòngtú	usage
广泛	guǎngfàn	wide, extensive
竹笋	zhúsǔn	bamboo shoots
根	gēn	root
宝	bǎo	treasure
独	dú	alone
生机	shēngjī	vitality, vigor
高洁	gāojié	noble and unsullied
坚强	jiānqiáng	firm, tough

● 读后判断正误

Read the passage and decide whether the following statements are true (T) or false (F)

(1) 中国人很喜欢松、竹、梅。					( )

(2) 松、竹、梅这三种植物都不怕寒冷。			( )

(3) 竹是一种特别的植物。					( )

(4) 有用竹子做的乐器。					( )

(5) 梅花的颜色只有三种。					( )

(6) 在中国，有很多赞美松、竹、梅的诗和画儿。	( )

● 读后回答问题 Read the passage and answer the following questions

(1) 松、竹、梅为什么被称为"岁寒三友"？

(2) 你喜欢松、竹、梅吗？为什么？

四、练习 Exercises

● 快速找出与左边相同的词 Quickly find the same words as those on the left

农村： 农场　乡村　农村　农机

来往： 来临　来信　来往　交往

立即： 立刻　立时　当即　立即

情景： 情况　背景　情景　情境

发生： 发展　发生　产生　发出

画家： 字画　画室　国家　画家

第二十四课 Lesson 24

● 用下列汉字组词 Make words with the following Chinese characters

立 察 弯 农 困 发 鞋 作 往 情 动 字 成 背 过
来 带 生 难 画 警 即 感 家 奖 叫 腰 村 景 课

_____

_____

● 在下面的空格中填上一个汉字，使其上下、左右各成为一个词（词组）
Put a Chinese character in each of the following blanks to make a word/phrase in each direction

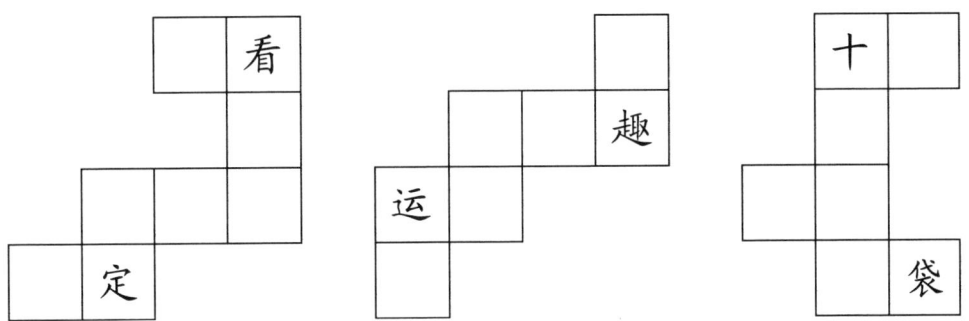

● 选词填空 Choose the words to fill in the blanks

（1）这是您的票，请____好。　　　　　　　　　　　　（拿 / 取）

（2）____就要开车了，下边的人快上来吧。　　　　　（立即 / 马上）

（3）这儿的____不错，又干净又安静。　　　　　　　（情景 / 环境）

（4）这条路每天____车辆很多。　　　　　　　　　　（来去 / 来往）

（5）谁有了____，他都热心帮助。　　　　　　　　　（难 / 困难）

（6）孩子高高兴兴地跑到妈妈____，一下子抱住了妈妈。

　　　　　　　　　　　　　　　　　　　　　　　　（面前 / 前面）

（7）____小孩儿的那位妈妈，您坐这儿吧。　　　　　（报 / 抱）

（8）这个公园挺大的，____我觉得没什么____看的，我们回去吧。

　　　　　　　　　　　　　　　　　　　　　　　　（可 / 可是）

· 217 ·

五、课外练习 Exercises after class

● 描、写汉字 Trace and copy the following Chinese characters

警	19画	艹苟敬警	警	警	警
察	14画	宀タ⺮究察	察	察	察
敢	11画	丆耳敢	敢	敢	敢
即	7画	㇇㇌彐艮即	即	即	即
滚	13画	氵汒浐浐滚滚滚	滚	滚	滚
抱	8画	扌抱	抱	抱	抱
叔	8画	上未叔	叔	叔	叔
鞋	15画	革鞋	鞋	鞋	鞋
脚	11画	月䏦脚	脚	脚	脚
伸	7画	亻伸	伸	伸	伸
弯	9画	亠亦弯弯	弯	弯	弯
腰	13画	月腰	腰	腰	腰
顾	10画	厂厅顾	顾	顾	顾
梅	11画	木梅	梅	梅	梅
图	8画	冂图图	图	图	图

松	8画 木松	松	松	松					
竹	6画 𠂉竹	竹	竹	竹					
奖	9画 丬⺧奖	奖	奖	奖					

● **给下列汉字注音并组词**

Write down the *pinyin* of the following Chinese characters and make words

村＿＿（　　）　　农＿＿（　　）　　抱＿＿（　　）

材＿＿（　　）　　衣＿＿（　　）　　饱＿＿（　　）

即＿＿（　　）　　梅＿＿（　　）　　敢＿＿（　　）

郎＿＿（　　）　　悔＿＿（　　）　　取＿＿（　　）

滚＿＿（　　）　　顾＿＿（　　）　　弯＿＿（　　）

浓＿＿（　　）　　领＿＿（　　）　　变＿＿（　　）

● **阅读诗词** Read the poem

咏梅

毛泽东

风雨送春归，飞雪迎春到。

已是悬崖百丈冰，犹有花枝俏。

俏也不争春，只把春来报。

待到山花烂漫时，她在丛中笑。

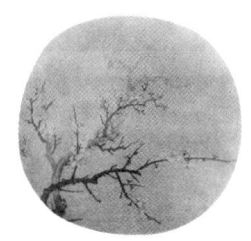

青松

陈毅

大雪压青松，青松挺且直。
要知松高洁，待到雪化时。

竹

［清］郑燮

一节复一节，千枝攒万叶。
我自不开花，免撩蜂与蝶。

● **预习（查词典，给下列词语注音，并了解其意思）**
Preview (Look up the following words in a dictionary, write down their *pinyin* and learn their meanings)

连　　笨　　哈　　吹　　数字　　简单　　一半（儿）

中国通　别人　伟大　申请　专利　认为　吉利　谐音

巧克力　土豆儿　胡说　长久　友谊　爱情　宴会

规矩　首先　重要　领导　长辈　上座　敬酒　上菜

如果　上次　下次　干杯　感情　代替

第二十五课
Dì-èrshíwǔ kè

Lesson 25

一、生字 New characters

连	lián	even
简	jiǎn	simple, brief
伟	wěi	great
申	shēn	to state, to explain
专	zhuān	special
笨	bèn	stupid
谐	xié	harmony
巧	qiǎo	
豆	dòu	bean
胡	hú	recklessly
谊	yì	friendship
宴	yàn	banquet
矩	jǔ	rule, regulation
辈	bèi	generation

如	rú	if
敬	jìng	to respect
哈	hā	(*sound of laughter*) ha-ha
吹	chuī	to boast, to talk big, to brag

二、字—词（词组）From characters to words (phrases)

简—单	简单	jiǎndān	simple
伟—大	伟大	wěidà	great
申—请	申请	shēnqǐng	to apply for
专—利	专利	zhuānlì	patent
谐—音	谐音	xiéyīn	to be homophonous
土—豆（儿）	土豆（儿）	tǔdòur	potato
胡—说	胡说	húshuō	to talk nonsense
友—谊	友谊	yǒuyì	friendship
宴—会	宴会	yànhuì	banquet, dinner party
规—矩	规矩	guīju	rule, established standard
敬—酒	敬酒	jìng jiǔ	to propose a toast
如—果	如果	rúguǒ	if, in case
长—辈	长辈	zhǎngbèi	elder, senior member of a family

第二十五课 Lesson 25

三、课文 Texts  25-1

数字趣话

学习汉语,除了要学好语音、语法,掌握大量的词语以外,还要了解中国文化。只有这样,才能真正学好汉语。

汉语中的数字很容易学,可是要很好地掌握它们的用法并不简单。特别是刚开始学汉语的外国人,还需要了解汉语中特有的"数字文化"。

汉语中"八"的谐音是"发"。"发"的意思是发达、发财,所以人们喜欢数字"8"。如果一个号码中有几个"8",那就更好了。"518"——"我要发","888"——"发、发、发"。"九"的谐音是"久""就",所以"5918"更是一个特别好的数字,因为它的谐音是"我就要发"。

"10"也是一个好数字。中国

趣话	qùhuà witty remark
并	bìng *used before a negative for emphasis*
特有	tèyǒu peculiar
发达	fādá developed
发财	fā cái to get rich, to make a fortune

· 223 ·

人把"十"作为完整、圆满的象征，追求"十全十美"。因此我们常见"十大新闻""十佳青年""十佳体育明星"等评选。

有没有谐音不好的数字呢？有，"4"就是一个。"四"与"死"谐音，所以人们认为"4"是一个不吉利的数字，不愿意号码中有这个数字。特别不愿意在一个数字或号码中同时出现"5""9""1""4"，因为这样的数字或号码会给人带来不好的联想。

上面介绍的是中国文化中人们对数字的审美观念。不同民族的文化中，人们对同一个数字可能有完全不同的看法。所以，在学习汉语的同时，还需要学习、了解一下中国文化。

圆满 yuánmǎn satisfactory

追求 zhuīqiú to pursue

十全十美 shíquán-shíměi perfect

评选 píngxuǎn to choose through public appraisal

佳 jiā good, fine

明星 míngxīng star

联想 liánxiǎng to associate with (in the mind)

审美 shěnměi aesthetic

观念 guānniàn idea, conception

第二十五课 Lesson 25

● 读后判断正误

Read the passage and decide whether the following statements are true (T) or false (F)

(1) 只学会了汉语语音、语法和词汇，还不能说学好了汉语。

                                         （　　）

(2) 汉语的数字容易学，使用也不难。　　　　　　（　　）

(3) 中国人喜欢"8"，认为这是一个好数字。　　　（　　）

(4) 中国人认为"10"是完整、圆满的象征。　　　（　　）

(5) 汉语中也有人们认为不吉利的数字。　　　　　（　　）

(6) 中国人对数字的看法可能与其他国家的人不一样。（　　）

● 读后回答问题 Read the passage and answer the following questions

(1) 你了解汉语中数字表示的意义吗？

(2) 为什么中国人喜欢在18号结婚、开业？

四、练习 Exercises

● 快速找出与左边相同的词 Quickly find the same words as those on the left

简单：菜单　简直　简要　简单

申请：申诉　申报　申请　事情

友谊：友情　友谊　便宜　有意

长久：好久　长处　长久　卡车

代替：替代　代表　代替　交替

重要：首要　重量　需要　重要

● 用下列汉字组词 Make words with the following Chinese characters

长 友 伟 简 谐 代 宴 专 申 感 吉 规 爱 领 首 胡 如
先 导 矩 利 果 请 情 替 说 音 单 谊 大 会 久 辈 动

_____

_____

● 在下面的空格中填上一个汉字，使其上下、左右各成为一个词（词组）
Put a Chinese character in each of the following blanks to make a word/phrase in each direction

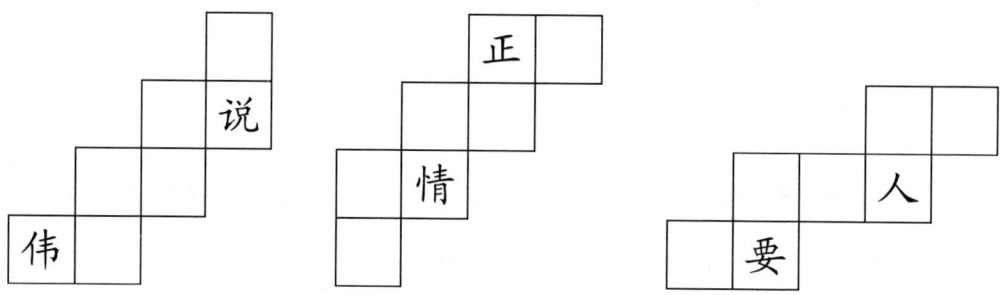

● 选词填空 Choose the words to fill in the blanks

(1) 这事很____做，我来办吧。　　　　　　　　　　（简单 / 容易）

(2) 我已经____了明年的奖学金。　　　　　　　　　（申请 / 要求）

(3) 愿我们的____天长地久。　　　　　　　　　　　（友好 / 友谊）

(4) 十个____中我最喜欢"8"，我的生日是 8 月 8 日，手机

　　____里也有"8"。　　　　　　　　　　　　　　（数字 / 号码）

(5) 参加 HSK 考试一定要带护照或身份证，其他证件不能____。

　　　　　　　　　　　　　　　　　　　　　　　　（替 / 代替）

(6) 今天王教授要讲三个问题：____讲汉字的历史，接着讲汉字的

　　发展，最后讲汉字的简化。　　　　　　　　　　（先 / 首先）

(7) 开车要遵守交通____，在家也要遵守家里的____。

（规则 / 规矩）

(8) 我觉得你的____问题是说得太少。要知道，学好外语，"说"是很____的。

（重要 / 主要）

五、课外练习 Exercises after class

● 描、写汉字 Trace and copy the following Chinese characters

连	7画 车连	连	连	连						
简	13画 ⺮简	简	简	简						
伟	6画 亻亻仁伟伟	伟	伟	伟						
申	5画 曰申	申	申	申						
专	4画 二专专	专	专	专						
笨	11画 ⺮笨	笨	笨	笨						
谐	11画 讠讠谐	谐	谐	谐						
巧	5画 工一巧	巧	巧	巧						
豆	7画 一口豆豆	豆	豆	豆						
胡	9画 古胡	胡	胡	胡						
谊	10画 讠谊	谊	谊	谊						
宴	10画 宀宣宴	宴	宴	宴						

矩	9画 矢矢⁻矢⁻ 矩矩	矩	矩	矩					
辈	12画 非辈	辈	辈	辈					
如	6画 女如	如	如	如					
敬	12画 艹芍苟敬	敬	敬	敬					
哈	9画 口哈	哈	哈	哈					
吹	7画 口吹	吹	吹	吹					

● **给下列汉字注音并组词**

Write down the *pinyin* of the following Chinese characters and make words

矩____(　　) 　　如____(　　) 　　谐____(　　)

短____(　　) 　　扣____(　　) 　　谱____(　　)

连____(　　) 　　吹____(　　) 　　简____(　　)

选____(　　) 　　欢____(　　) 　　筒____(　　)

● **阅读短文** Read the passage

"巧克力"

"巧克力"是英文 chocolate 的汉译词。在翻译外文词语时，汉语一般采用意译的方法，也就是用汉语把外文词语的意思表达出来。比如英文的 computer，汉语译作"计算机"，意思是"能进行数学运算的机器";subway 汉语译作"地铁",意思是"修建在地下隧道中的铁道"。有时,人们采用意译、音译相结合的方法翻译外文词语。比如英文的 beer,汉语译作"啤酒";hamburger 汉语译作"汉堡包";bar 汉语译作"酒吧"。还有一些词,就像"巧克力"一样,完全采用音译的方法。比如"咖啡"译自英文的 coffee,"沙发"译自英文的 sofa,"克拉"译自法文的 carat。在现代汉语中,还有个别的外文词语直接以其外文形式(常为缩写)出现,比如"做 CT""照 X 光",这里的 CT、X 都是外文字母。

读后回答问题 Read the passage and answer the following questions

(1) 在翻译外文词语时,汉语一般采用几种方法?

(2) 本文介绍了几种汉译外文词语的方法?你认为哪种比较好?为什么?

汉字总表　Character Index

（本表共有生字518个，均为本册书教写过的生字）

A

阿	ā	（1）
哎	āi	（1）
按	àn	（10）
暗	àn	（18）
袄	ǎo	（15）

B

拔	bá	（14）
把	bǎ	（17）
摆	bǎi	（15）
扳	bān	（18）
般	bān	（5）
搬	bān	（16）
板	bǎn	（11）
扮	bàn	（16）
棒	bàng	（12）
保	bǎo	（13）
抱	bào	（24）
碑	bēi	（23）

背	bèi	（21）
被	bèi	（19）
辈	bèi	（25）
笨	bèn	（25）
鼻	bí	（11）
必	bì	（5）
闭	bì	（13）
避	bì	（8）
变	biàn	（6）
标	biāo	（12）
冰	bīng	（8）
兵	bīng	（23）
播	bō	（22）
布	bù	（17）

C

擦	cā	（17）
猜	cāi	（20）
财	cái	（8）
彩	cǎi	（17）

菜	cài	(5)
餐	cān	(10)
册	cè	(7)
层	céng	(3)
曾	céng	(10)
插	chā	(14)
察	chá	(24)
产	chǎn	(7)
肠	cháng	(2)
尝	cháng	(16)
成	chéng	(4)
承	chéng	(12)
城	chéng	(6)
程	chéng	(12)
池	chí	(8)
迟	chí	(8)
抽	chōu	(14)
除	chú	(14)
厨	chú	(3)
础	chǔ	(22)
楚	chǔ	(9)
处	chù	(5)
穿	chuān	(15)
传	chuán	(20)
船	chuán	(23)
喘	chuǎn	(21)
串	chuàn	(14)
窗	chuāng	(17)
吹	chuī	(25)
春	chūn	(7)
辞	cí	(12)
醋	cù	(23)
寸	cùn	(13)

D

答	dá	(4)
待	dāi	(22)
袋	dài	(12)
戴	dài	(15)
担	dān	(20)
单	dān	(20)
诞	dàn	(16)
导	dǎo	(11)
倒	dǎo	(13)
登	dēng	(18)
底	dǐ	(21)
第	dì	(10)
雕	diāo	(23)

调	diào	（11）	丰	fēng	（16）
掉	diào	（13）	风	fēng	（8）
丁	dīng	（23）	扶	fú	（18）
丢	diū	（12）	幅	fú	（17）
冬	dōng	（6）	福	fú	（1）
豆	dòu	（25）	父	fù	（5）
堵	dǔ	（3）	附	fù	（3）
肚	dù	（2）	副	fù	（15）
度	dù	（6）	傅	fù	（9）
队	duì	（1）	富	fù	（16）

E

饿	è	（1）			
而	ér	（7）			
耳	ěr	（10）			

G

			该	gāi	（8）
			改	gǎi	（7）
			盖	gài	（16）
			赶	gǎn	（3）
			敢	gǎn	（24）
			钢	gāng	（10）
			糕	gāo	（4）
			搞	gǎo	（22）
			告	gào	（17）
			歌	gē	（6）
			革	gé	（7）
			格	gé	（20）

F

罚	fá	（19）
烦	fán	（9）
放	fàng	（7）
费	fèi	（19）
氛	fēn	（15）
份	fèn	（17）
奋	fèn	（14）

各	gè	（14）	胡	hú	（25）
功	gōng	（5）	葫	hú	（10）
估	gū	（20）	互	hù	（11）
古	gǔ	（6）	护	hù	（12）
骨	gǔ	（19）	滑	huá	（8）
故	gù	（4）	划	huà	（23）
顾	gù	（24）	坏	huài	（8）
刮	guā	（7）	环	huán	（3）
挂	guà	（15）	婚	hūn	（8）
关	guān	（1）	活	huó	（5）
管	guǎn	（17）	伙	huǒ	（15）
惯	guàn	（5）	货	huò	（14）
规	guī	（13）			
滚	gǔn	（24）	**J**		
			积	jī	（3）
H			基	jī	（22）
哈	hā	（25）	吉	jí	（17）
害	hài	（2）	即	jí	（24）
寒	hán	（14）	急	jí	（8）
汗	hàn	（21）	计	jì	（20）
憾	hàn	（16）	记	jì	（5）
河	hé	（3）	系	jì	（15）
贺	hè	（1）	际	jì	（22）
忽	hū	（14）	季	jì	（7）

· 233 ·

继	jì	(22)	精	jīng	(12)
寂	jì	(2)	景	jǐng	(8)
绩	jì	(4)	警	jǐng	(24)
甲	jiǎ	(23)	净	jìng	(5)
架	jià	(14)	敬	jìng	(25)
捡	jiǎn	(8)	境	jìng	(3)
检	jiǎn	(2)	镜	jìng	(13)
简	jiǎn	(25)	纠	jiū	(21)
建	jiàn	(6)	究	jiū	(7)
将	jiāng	(8)	灸	jiǔ	(10)
讲	jiǎng	(15)	矩	jǔ	(25)
奖	jiǎng	(24)	句	jù	(4)
交	jiāo	(3)	具	jù	(14)
跤	jiāo	(13)	决	jué	(19)
脚	jiǎo	(24)			
接	jiē	(1)	**K**		
街	jiē	(19)	扛	káng	(15)
结	jié	(2)	考	kǎo	(1)
解	jiě	(20)	烤	kǎo	(10)
戒	jiè	(19)	靠	kào	(8)
界	jiè	(6)	棵	kē	(16)
紧	jǐn	(19)	渴	kě	(23)
锦	jǐn	(12)	克	kè	(15)
睛	jīng	(11)	肯	kěn	(14)

空	kōng	(16)	脸	liǎn	(14)
孔	Kǒng	(11)	链	liàn	(14)
恐	kǒng	(21)	凉	liáng	(8)
哭	kū	(2)	量	liáng	(11)
苦	kǔ	(9)	亮	liàng	(6)
狂	kuáng	(12)	林	lín	(23)
困	kùn	(14)	淋	lín	(19)
			零	líng	(23)
L			领	lǐng	(15)
拉	lā	(2)	另	lìng	(14)
辣	là	(23)	笼	lóng	(15)
览	lǎn	(9)	芦	lú	(10)
缆	lǎn	(21)	乱	luàn	(3)
郎	láng	(15)			
浪	làng	(19)	**M**		
累	lèi	(14)	麻	má	(9)
冷	lěng	(7)	麦	mài	(15)
礼	lǐ	(2)	脉	mài	(10)
李	lǐ	(18)	满	mǎn	(3)
历	lì	(7)	慢	màn	(5)
厉	lì	(2)	猫	māo	(14)
立	lì	(22)	梅	méi	(24)
连	lián	(25)	霉	méi	(13)
联	lián	(16)	眠	mián	(5)

棉	mián	（15）		旁	páng	（3）
命	mìng	（19）		陪	péi	（1）
摸	mō	（10）		佩	pèi	（12）
摩	mó	（10）		碰	pèng	（13）
末	mò	（7）		骗	piàn	（19）
寞	mò	（2）		票	piào	（18）
母	mǔ	（5）		漂	piào	（6）
慕	mù	（20）		谱	pǔ	（14）

N

奶	nǎi	（5）
闹	nào	（15）
内	nèi	（20）
腻	nì	（5）
念	niàn	（4）
娘	niáng	（15）
牛	niú	（2）
暖	nuǎn	（6）

P

怕	pà	（21）
排	pái	（11）
牌	pái	（18）
盘	pán	（14）

Q

妻	qī	（3）
其	qí	（8）
汽	qì	（3）
卡	qiǎ	（18）
签	qiān	（12）
墙	qiáng	（15）
巧	qiǎo	（25）
切	qiè	（7）
且	qiě	（7）
亲	qīn	（10）
琴	qín	（10）
清	qīng	（9）
秋	qiū	（7）
求	qiú	（9）

汉字总表 Character Index

区	qū	（8）	伸	shēn	（24）	
曲	qǔ	（6）	神	shén	（12）	
圈	quān	（17）	声	shēng	（9）	
裙	qún	（15）	圣	shèng	（16）	
			胜	shèng	（21）	
R			失	shī	（5）	
热	rè	（7）	湿	shī	（19）	
肉	ròu	（2）	史	shǐ	（7）	
如	rú	（25）	使	shǐ	（9）	
			世	shì	（6）	
S			市	shì	（6）	
洒	sǎ	（18）	似	shì	（19）	
赛	sài	（1）	事	shì	（13）	
散	sàn	（5）	饰	shì	（14）	
扫	sǎo	（17）	匙	shi	（14）	
沙	shā	（17）	收	shōu	（11）	
傻	shǎ	（19）	守	shǒu	（13）	
晒	shài	（5）	受	shòu	（19）	
删	shān	（13）	售	shòu	（14）	
伤	shāng	（19）	叔	shū	（24）	
捎	shāo	（9）	输	shū	（1）	
社	shè	（11）	熟	shú	（4）	
摄	shè	（15）	暑	shǔ	（6）	
申	shēn	（25）	薯	shǔ	（10）	

· 237 ·

术	shù	(20)	甜	tián	(10)
树	shù	(8)	挑	tiāo	(14)
摔	shuāi	(13)	跳	tiào	(2)
帅	shuài	(15)	贴	tiē	(12)
丝	sī	(14)	铁	tiě	(3)
松	sōng	(24)	厅	tīng	(3)
送	sòng	(9)	庭	tíng	(6)
俗	sú	(23)	停	tíng	(8)
诉	sù	(17)	挺	tǐng	(5)
虽	suī	(3)	通	tōng	(3)
随	suí	(16)	统	tǒng	(20)
所	suǒ	(2)	偷	tōu	(19)
			图	tú	(24)
T			土	tǔ	(9)
它	tā	(17)	腿	tuǐ	(19)
堂	táng	(2)	托	tuō	(1)
糖	táng	(10)			
躺	tǎng	(19)	**W**		
趟	tàng	(9)	弯	wān	(24)
掏	tāo	(18)	完	wán	(4)
讨	tǎo	(9)	忘	wàng	(1)
套	tào	(3)	旺	wàng	(17)
梯	tī	(14)	望	wàng	(11)
踢	tī	(1)	危	wēi	(21)

围	wéi	（3）	向	xiàng	（9）
维	wéi	（14）	相	xiàng	（9）
伟	wěi	（25）	像	xiàng	（12）
未	wèi	（8）	消	xiāo	（2）
喂	wèi	（1）	笑	xiào	（4）
温	wēn	（6）	效	xiào	（5）
卧	wò	（3）	协	xié	（10）
无	wú	（21）	谐	xié	（25）
武	wǔ	（20）	鞋	xié	（24）
舞	wǔ	（2）	辛	xīn	（9）
务	wù	（15）	信	xìn	（4）
			幸	xìng	（17）
X			性	xìng	（5）
			熊	xióng	（14）
希	xī	（11）	修	xiū	（14）
细	xì	（10）	须	xū	（5）
夏	xià	（7）	虚	xū	（13）
仙	xiān	（17）	需	xū	（11）
险	xiǎn	（21）	许	xǔ	（6）
线	xiàn	（23）	续	xù	（18）
羡	xiàn	（20）	选	xuǎn	（13）
乡	xiāng	（8）	雪	xuě	（7）
祥	xiáng	（17）	血	xuè	（5）
响	xiǎng	（1）			

Y

压	yā	(5)
鸭	yā	(10)
呀	ya	(11)
烟	yān	(19)
延	yán	(5)
炎	yán	(2)
研	yán	(7)
眼	yǎn	(11)
宴	yàn	(25)
验	yàn	(2)
阳	yáng	(3)
腰	yāo	(24)
邀	yāo	(22)
遥	yáo	(6)
钥	yào	(14)
叶	yè	(8)
页	yè	(4)
夜	yè	(7)
姨	yí	(1)
遗	yí	(16)
已	yǐ	(1)
椅	yǐ	(17)
艺	yì	(20)
议	yì	(15)
谊	yì	(25)
引	yǐn	(13)
营	yíng	(8)
赢	yíng	(1)
应	yìng	(17)
硬	yìng	(18)
拥	yōng	(13)
泳	yǒng	(5)
俑	yǒng	(23)
尤	yóu	(8)
由	yóu	(11)
油	yóu	(5)
游	yóu	(5)
于	yú	(14)
鱼	yú	(2)
遇	yù	(19)
原	yuán	(5)
圆	yuán	(17)
约	yuē	(9)
越	yuè	(16)

汉字总表 Character Index

Z

载	zài	（6）
暂	zàn	（12）
糟	zāo	（4）
枣	zǎo	（16）
造	zào	（13）
燥	zào	（5）
则	zé	（13）
增	zēng	（6）
扎	zhā	（10）
宅	zhái	（16）
展	zhǎn	（9）
站	zhàn	（3）
着	zháo	（8）
针	zhēn	（2）
争	zhēng	（21）
整	zhěng	（13）
证	zhèng	（12）
之	zhī	（13）
织	zhī	（11）
值	zhí	（23）
职	zhí	（12）
址	zhǐ	（22）
纸	zhǐ	（14）
治	zhì	（10）
置	zhì	（17）
钟	zhōng	（5）
周	zhōu	（3）
竹	zhú	（24）
主	zhǔ	（13）
助	zhù	（11）
注	zhù	（9）
筑	zhù	（6）
专	zhuān	（25）
装	zhuāng	（16）
撞	zhuàng	（19）
桌	zhuō	（17）
仔	zǐ	（17）
奏	zòu	（10）
租	zū	（3）
族	zú	（23）
组	zǔ	（11）
遵	zūn	（13）
作	zuò	（4）

241

词汇表 Vocabulary

（本表中所列词语均为本册书"课文"中出现的生词）

A

安全	ānquán	（13）

B

摆	bǎi	（14）
包机	bāojī	（18）
包括	bāokuò	（10）
宝	bǎo	（24）
宝贵	bǎoguì	（10）
报考	bàokǎo	（1）
北方	běifāng	（7）
贝壳	bèiké	（8）
本领	běnlǐng	（21）
比如	bǐrú	（11）
笔	bǐ	（9）
并	bìng	（25）
不然	bùrán	（19）

C

才华	cáihuá	（23）
材料	cáiliào	（23）
采用	cǎiyòng	（18）
潮湿	cháoshī	（14）
称为	chēngwéi	（24）
称赞	chēngzàn	（22）
成功	chénggōng	（19）
乘凉	chéng liáng	（16）
重新	chóngxīn	（17）
宠爱	chǒng'ài	（14）
出租车	chūzūchē	（3）
初	chū	（7）
除了	chúle	（11）
处理	chǔlǐ	（18）
窗口	chuāngkǒu	（22）
刺激	cìjī	（10）
错字	cuòzì	（9）

D

打雪仗	dǎ xuězhàng	（7）
大部分	dàbùfen	（9）

戴	dài	（13）
单体	dāntǐ	（18）
单元	dānyuán	（16）
到处	dàochù	（7）
道	dào	（13）
得	děi	（2）
等	děng	（9）
等候	děnghòu	（18）
的确	díquè	（5）
地毯	dìtǎn	（17）
电	diàn	（1）
独	dú	（24）
独立	dúlì	（16）
独特	dútè	（5）
段	duàn	（19）
堆雪人	duī xuěrén	（7）
对手	duìshǒu	（21）

F

发财	fā cái	（25）
发达	fādá	（25）
反对	fǎnduì	（19）
反感	fǎngǎn	（19）
方言	fāngyán	（22）
防	fáng	（5）
分明	fēnmíng	（7）
粉	fěn	（7）
丰富多彩	fēngfù-duōcǎi	（8）
封闭	fēngbì	（16）
扶	fú	（13）
浮力	fúlì	（8）

G

改	gǎi	（9）
干燥	gānzào	（7）
赶车	gǎn chē	（21）
感情	gǎnqíng	（6）
钢琴	gāngqín	（6）
高洁	gāojié	（24）
告诉	gàosu	（4）
歌星	gēxīng	（6）
根	gēn	（24）
更加	gèngjiā	（8）
攻击	gōngjī	（14）
共计	gòngjì	（22）
共享单车	gòngxiǎng dānchē	（13）
贡献	gòngxiàn	（10）

· 243 ·

观念	guānniàn	（25）
光线	guāngxiàn	（14）
广泛	guǎngfàn	（24）
规定	guīdìng	（9）
柜台	guìtái	（18）
国宝	guóbǎo	（14）
国界	guójiè	（6）

H

海拔	hǎibá	（14）
海滨	hǎibīn	（8）
海关	hǎiguān	（18）
海棠	hǎitáng	（16）
含义	hányì	（20）
航站楼	hángzhànlóu	（18）
合资	hézī	（15）
呼唤	hūhuàn	（6）
坏	huài	（2）
绘画	huìhuà	（20）

J

机会	jīhuì	（3）
吉他	jítā	（6）
记得	jìde	（9）

技术	jìshù	（10）
加深	jiāshēn	（6）
佳	jiā	（25）
价值	jiàzhí	（24）
奸诈	jiānzhà	（20）
坚强	jiānqiáng	（24）
减少	jiǎnshǎo	（13）
简便	jiǎnbiàn	（10）
简单	jiǎndān	（20）
健身	jiànshēn	（5）
将近	jiāngjìn	（7）
讲究	jiǎngjiu	（16）
讲座	jiǎngzuò	（12）
奖	jiǎng	（6）
奖品	jiǎngpǐn	（9）
交流	jiāoliú	（6）
郊	jiāo	（18）
叫作	jiàozuò	（16）
结	jiē	（16）
结果	jiéguǒ	（1）
紧张	jǐnzhāng	（11）
经济	jīngjì	（1）
晶莹	jīngyíng	（23）
精力	jīnglì	（8）

词汇表 Vocabulary

灸灼	jiǔzhuó	（10）
据调查	jù diàochá	（14）
圈养	juànyǎng	（14）

K

课余	kèyú	（11）
困难	kùnnan	（4）

L

落	là	（21）
来自	láizì	（22）
浪	làng	（8）
理解	lǐjiě	（12）
历史	lìshǐ	（1）
联系	liánxì	（20）
联想	liánxiǎng	（25）
恋爱	liàn'ài	（15）
疗法	liáofǎ	（10）
淋漓尽致	línlí-jìnzhì	（20）
灵活	línghuó	（14）
灵性	língxìng	（23）
另	lìng	（3）
另外	lìngwài	（3、17）
绿化	lǜhuà	（16）
落后	luò hòu	（21）

M

麻醉	mázuì	（10）
满足	mǎnzú	（18）
毛笔	máobǐ	（9）
美化	měihuà	（23）
美丽	měilì	（7）
密切	mìqiè	（20）
免税	miǎn shuì	（18）
民俗	mínsú	（11）
民族	mínzú	（6）
明星	míngxīng	（25）
目光	mùguāng	（14）

P

怕	pà	（9）
牌儿	páir	（15）
配合	pèihé	（21）
飘	piāo	（7）
平均	píngjūn	（7）
平时	píngshí	（9）
评选	píngxuǎn	（25）
破	pò	（13）
铺	pū	（17）

· 245 ·

Q

期中	qīzhōng	（4）
其实	qíshí	（12）
强大	qiángdà	（6）
强调	qiángdiào	（20）
桥梁	qiáoliáng	（22）
亲身	qīnshēn	（11）
青	qīng	（24）
清新	qīngxīn	（7）
情感	qínggǎn	（23）
情况	qíngkuàng	（1）
趣话	qùhuà	（25）

S

山川	shānchuān	（11）
申报	shēnbào	（18）
审美	shěnměi	（25）
甚至	shènzhì	（14）
生动	shēngdòng	（23）
生机	shēngjī	（24）
生气	shēngqì	（23）
十全十美	shíquán-shíměi	（25）
十字路口	shízì lùkǒu	（13）
石榴	shíliu	（16）
使者	shǐzhě	（14）
视觉	shìjué	（14）
收拾	shōushi	（17）
手术	shǒushù	（10）
首都	shǒudū	（7）
受	shòu	（14）
损害	sǔnhài	（19）

T

太极剑	tàijíjiàn	（8）
弹	tán	（6）
特定	tèdìng	（20）
特有	tèyǒu	（25）
提高	tí gāo	（3）
天地	tiāndì	（23）
听说	tīngshuō	（15）
听众	tīngzhòng	（22）
通过	tōngguò	（10）
同事	tóngshì	（15）
同意	tóngyì	（21）
图案	tú'àn	（20）

W

外科	wàikē	（10）

晚辈	wǎnbèi	（16）
王子	wángzǐ	（21）
未来	wèilái	（19）
位于	wèiyú	（18）
温顺	wēnshùn	（14）
武术	wǔshù	（8）
舞台	wǔtái	（20）

X

稀薄	xībó	（14）
习俗	xísú	（12）
喜爱	xǐ'ài	（24）
戏剧	xìjù	（20）
先进	xiānjìn	（18）
现状	xiànzhuàng	（22）
相间	xiāngjiàn	（14）
想象力	xiǎngxiànglì	（23）
象征	xiàngzhēng	（24）
写意	xiěyì	（20）
心静	xīnjìng	（5）
心声	xīnshēng	（23）
欣赏	xīnshǎng	（22）
新颖	xīnyǐng	（15）
形成	xíngchéng	（16）

穴位	xuéwèi	（10）
旬	xún	（7）

Y

眼圈	yǎnquān	（14）
野生	yěshēng	（14）
遗产	yíchǎn	（10）
意义	yìyì	（15）
音频	yīnpín	（22）
印象	yìnxiàng	（17）
影响	yǐngxiǎng	（19）
用途	yòngtú	（24）
由…组成	yóu…zǔchéng	（12）
游泳池	yóuyǒngchí	（8）
娱乐	yúlè	（22）
遇见	yù jiàn	（2）
圆满	yuánmǎn	（25）
岳父	yuèfù	（19）
云	yún	（7）

Z

造成	zàochéng	（2）
增进	zēngjìn	（6）
盏	zhǎn	（23）

展现	zhǎnxiàn	（23）	治	zhì	（5）
张牙舞爪	zhāngyá-wǔzhǎo	（14）	忠勇	zhōngyǒng	（20）
长辈	zhǎngbèi	（16）	种	zhòng	（15）
掌握	zhǎngwò	（12）	重要	zhòngyào	（13）
障碍	zhàng'ài	（14）	竹笋	zhúsǔn	（24）
针刺	zhēncì	（10）	主要	zhǔyào	（2）
珍稀	zhēnxī	（14）	注意力	zhùyìlì	（21）
争取	zhēngqǔ	（1）	专业	zhuānyè	（1）
正房	zhèngfáng	（16）	转告	zhuǎngào	（1）
正直	zhèngzhí	（20）	撞	zhuàng	（13）
知识	zhīshi	（22）	追求	zhuīqiú	（25）
直接	zhíjiē	（18）	姿势	zīshì	（14）
植物	zhíwù	（24）	字	zì	（17）
止	zhǐ	（10）	字面	zìmiàn	（12）
只要	zhǐyào	（13）	字帖	zìtiè	（9）
指导	zhǐdǎo	（5）			

专有名词

贝多芬	Bèiduōfēn	（6）	二泉映月	Èrquán Yìng Yuè	（6）
春江花月夜	Chūnjiāng Huā Yuè Yè	（6）	莫扎特	Mòzhātè	（6）
东方	Dōngfāng	（6）	西方	Xīfāng	（6）
			肖邦	Xiāobāng	（6）